# 亲子共成长

## 现代家长的自我提升之旅

林怀恩 ◎ 著

中国铁道出版社有限公司
CHINA RAILWAY PUBLISHING HOUSE CO., LTD.

图书在版编目（CIP）数据

亲子共成长：现代家长的自我提升之旅 / 林怀恩著. -- 北京：中国铁道出版社有限公司, 2025. 6. -- ISBN 978-7-113-32189-5

Ⅰ. G78

中国国家版本馆 CIP 数据核字第 2025RU4793 号

| 书　　名： | 亲子共成长——现代家长的自我提升之旅 |
| --- | --- |
| | QINZI GONG CHENGZHANG：XIANDAI JIAZHANG DE ZIWO TISHENG ZHI LÜ |
| 作　　者： | 林怀恩 |

| 策　　划： | 张　丹 | |
| --- | --- | --- |
| 责任编辑： | 陈晓钟 | 编辑部电话：（010）51873036 |
| 封面设计： | 宿　萌 | |
| 责任校对： | 苗　丹 | |
| 责任印制： | 赵星辰 | |

出版发行：中国铁道出版社有限公司（100054，北京市西城区右安门西街 8 号）
网　　址：https://www.tdpress.com
印　　刷：河北燕山印务有限公司
版　　次：2025 年 6 月第 1 版　2025 年 6 月第 1 次印刷
开　　本：880 mm×1 230 mm　1/32　印张：5.375　字数：93 千
书　　号：ISBN 978-7-113-32189-5
定　　价：58.00 元

**版权所有　侵权必究**

凡购买铁道版图书，如有印制质量问题，请与本社读者服务部联系调换。电话：(010)51873174
打击盗版举报电话：(010)63549461

# 序 言

每次有人问我:"你写这本书,是想教大家怎么育儿吗?"

我总是笑笑,说:"不完全是。"

我想表达的,不只是育儿的方法,而是育儿的过程——家长在陪伴孩子成长的过程中重新认识自己、"修补"自己、找回自己,在此基础上引导孩子分析问题、解决问题,一步步实现成长。

这个念头并不是一时兴起。

我长期从事国际教育与家庭教育相关工作,辅导过很多学生和家庭,也曾带着他们走出国门。我见过不少学习优秀的孩子,可他们一独立生活就举步维艰。他们可能成绩优异,但判断能力不足;可能满腔理想,但得不到父母的支持……他们的世界和父母的世界,就像隔了一堵看不见的墙。

很多时候我们谈"育儿",谈的都是升学规划、方法和名校路径,却忽略了一个更本质的问题:我们到底应该培养一个什么样的人？我们和孩子的关系是帮助他们走远,还是不自觉地拉住他们？

我自己也是两个孩子的母亲,母职让我更加直面"育儿"这件事的本质。经过长期的思考与实践,我深切地体会到,育儿不是简单的方法问题,而是家长先要成为那个愿意成长的人。

我的成长也不是一帆风顺的。

我出生在潮汕一个传统家庭,接受的是非常细致、讲规矩的家教。我童年里记忆最深的,是那些关于仪态、礼节的要求。但也正是这些看似严苛甚至不近人情的教育方式,让我在很多关键时刻拥有了底气。我父母并不懂育儿理论,也不擅长表达爱,但他们有一个最宝贵的理念,那就是把我当成一个独立的人来看待。这份尊重,是我后来在国外求学、成为母亲、从事教育时最重要的支撑。

在英国留学时,我开始系统地学习教育学,并且得到了导师一次次的鼓励和肯定。在那些被赞赏、被肯定的时刻,我第一次真正意识到,人只有感受到被看见,才愿意走出来、迈出去。这也成了我教育工作与家庭教育中最核心的信念之一。

成为母亲以后,我的自我探索也进入了一个新的阶段。我开始不断地追问自己:我是谁？我想给孩子什么？我是否真正认识了自己？

　　40岁后，我越来越清晰地意识到，育儿的本质，是我们作为父母在自我成长路上的修行。孩子就像一面镜子，他们的问题往往是家长问题的外显。只有当家长真正面对自己，我们才有能力支持孩子成为他们自己。

　　很多家长找我时，都希望我能赶紧帮他们解决"育儿难题"——孩子不上学、爱发脾气、沉迷电子产品、叛逆、没有目标……但随着我们聊得越来越深入，他们慢慢意识到：其实最先要改变的是自己，而不是孩子。原来真正的育儿，重点不在技巧上，而在系统性的认知升级与心态转变上。

　　这些年我带过很多家长，也见证了他们和孩子之间的关系悄然发生改变——曾经叛逆的女儿变成了贴心的"小棉袄"；因压力大而停学的孩子，愿意重新回到课堂；曾经总与父母"博弈"的孩子走向了亲子协作……

　　所有这些故事，以及自己多年的思考与实践，让我坚定地想写一本书。于是，这本书诞生了。

　　这不是一本万能的育儿说明书。

　　我不会告诉你"这么做孩子就会听话"，也不会承诺"几招就能教出优秀孩子"。

　　但是，我会把这些年我见过的故事、踩过的坑、收获的经验和方法尽可能地分享给你；我也会把自己作为一名教育者、咨询师、两个孩子母亲的反思与实践经验，坦诚地呈现在你面前。

希望你能在书中找到自己的节奏，也找到愿意成长的自己。

愿我们都能在育儿这条路上，不断觉察、不断修复、不断前行。

因为你成长了，孩子就自由了。

作　者

2025 年 1 月

# 目 录

**第一章 你了解育儿吗** ........................ 1
  第一节 育儿的三大误区 ........................ 3
  第二节 什么是育儿 ........................ 12
  第三节 育儿是家长重新认识自己的过程 ........................ 23
  第四节 育儿让孩子和父母建立深层联系 ........................ 27

**第二章 关于那些"育儿问题"** ........................ 31
  第一节 为什么你有那么多育儿问题 ........................ 33
  第二节 洞察育儿"真问题",洞悉孩子"深层需" ........................ 39
  第三节 家长需要具备的育儿心态 ........................ 48

**第三章 科学积极的意识是解决问题的基础** ........................ 57
  第一节 家长自我意识成长的四个阶段 ........................ 59
  第二节 反观自我的三大作用 ........................ 68

第三节　如何对自我意识进行反观 …………………… 74

## 第四章　家长不可或缺的四大育儿核心技能 …………… 79

第一节　掌控情绪力——营造和谐家庭氛围的艺术 …… 81

第二节　塑造规则力——构建家庭秩序的基石 ………… 88

第三节　提问的力量——有效提问帮助孩子成长 ……… 99

第四节　建立爱的联结——让孩子收获爱，收获成长 … 102

## 第五章　运用教育技能科学解决常见育儿问题 ………… 107

第一节　六步轻松解决孩子的犯错问题 ………………… 109

第二节　如何在实践中一步步提升孩子的选择力 ……… 120

第三节　转念对育儿的关键作用 ………………………… 129

## 第六章　全球化形式下的育儿规划 ……………………… 135

第一节　全球化之下的优质人才画像 …………………… 137

第二节　国际化强调集体性价值观 ……………………… 140

第三节　国际化强调本国认同 …………………………… 143

第四节　国际化不仅仅体现在英文学习上 ……………… 145

第五节　国际化不等于"精英教育" …………………… 147

第六节　博采众长 ………………………………………… 156

# 第一章

# 你了解育儿吗

每个家庭对教育的定义是不同的,家长经常探讨的教育,更多的是在谈论教育过程中的各种手段或者工具。其实,教育绝不仅仅是大家谈论的这些。教育就是过程,过程就是教育,教育的一切产物都是在过程中发生的,而且润物细无声,不知不觉就发生了。

然而,却很少有人思考过,教育的最终目的到底是什么?如果这个问题你也从来没有思考过,那么你日复一日地学习育儿又是为了什么呢?

或许你会说,为了提高孩子的成绩,为了让孩子上更好的学校,为了孩子将来更好就业,为了让孩子有更好的未来。的确,身为两个孩子的妈妈,曾经我也和大多数家长一样,认为自己学习育儿就是为了这些目的,用一句话概括,就是让孩子拥有迎接未来世界的能力。

然而,随着对教育的不断深入研究,我开始意识到,其实无论为孩子如何谋划,都无法精准预测未来,更不可能预测孩子的未来,因为变才是永恒的规律。应对不确定的未来,只有以"不变"应万变,而这里的"不变"指的就是"人的内核",父母要把孩子真正培养成人。这部分内容,会在本章第二节详细说。

教育是一辈子的事情,它的目的就是鼓励和激发孩子们进行终身自我完善。许多教育理论家和心理学家,如让·皮亚杰、列夫·维果茨基和杰罗姆·布鲁纳,都强调了主动学习和终身学习的重要性。父母在家庭教育方面要做的就是在育儿过程中,帮助孩子从被教育过渡到自我教育,而这也是育儿的根本意义。

## 第一节　育儿的三大误区

现在越来越多的父母加入了育儿学习，在我的学员里，最小学员的宝宝才八个月大，这是一件让人特别高兴的事情，因为持续学习育儿知识，会让他们在教育这条路上少走弯路。

那什么才是育儿呢？你可以把你的答案写在这一页空白处，然后接着往下看，看看我的想法是否和你的一致？

育儿一定要以终为始，是要有规划的，而不是走一步看一步。这里讲的以终为始就是开篇提到的从育儿的本质"将孩子真正培养成人"入手，而不单单是好的学校、成绩、工作等。而且我的经验是，只要提前规划好，并且每一步都脚踏实地去走，育儿就会越来越轻松。

在开始深入探讨什么是育儿之前，先来看看以下三个育儿谎言，对于它们，你是避坑了，还是已经深陷其中？

误区一：学习了育儿，孩子就能成才

看到这个结论，或许你已经直呼："当然不是呀，怎么可能？"因为的确有很多家长学习了育儿，但孩子依旧平平无奇；也有一些家长并未学习，但他们的孩子也进入了理想的学校。

那到底要不要学习育儿呢？如果学习育儿仅仅是为了孩子"成才"，比如更好的分数、更好的大学，那过程一定会很痛苦，结果也未必如你所愿，所以我不建议你去学。如果你学习育儿是为了让孩子听你的，遵从你的指令，我也建议你不要去学，因为怀着这样的动机去学习育儿，你不但学不会，更可怕的是你会越来越焦虑，而这种焦虑也会直接影响孩子。

这让我想到了我的一个学员，她的女儿在外人眼里俨然是"别人家的孩子"，成绩优异。在妈妈的精心规划下，女儿在升学考试后，收到了当地很多名校抛来的橄榄枝。这位妈妈知道竞争的残酷，她生怕孩子错过任何一个能在履历上添加光彩的机会，孩子除了完成基本的学业外，还参加了不少兴趣班。

按理说，这是一位非常成功的妈妈，然而这位妈妈在育儿方面所谓的前瞻性和规划性，其实忽略了自己女儿是否真的喜欢、真的愿意。有一次我在分享这个案例的时候，也分享了自己的看法，当时场内就有家长认为，哪里有孩子愿意学的，都是父母逼出来的，如果不逼怎么能成才呢？当然也有一些家长支持我的观点,认为孩子逼着逼着就没有动力了,甚至亲子关系可能都会被破坏。

事实是,孩子没有时间思考愿不愿意,也不会袒露真实的想法。再者,当外界的喝彩声不断出现时,或许他自己也已经相信这是正确的做法。

而当这位妈妈来找我的时候,孩子已经有一段时间没上学了,表面看就是一个孩子能量耗完了,不想面对竞争了;往深探讨,这里肯定有对自己的不科学认知,比如认为成绩是全部,看不到其他角色的自己等。

这个真实的案例让我们看到,如果学习育儿是为了按照我们的意愿来规划孩子的未来,"控制"孩子,那么孩子的内在动力往往会一点点被我们磨灭。当孩子的内在动力不足,直到最后被磨灭时,试问,他们怎么会对生活产生积极的一面呢?包括此刻你阅读的这本书,它也不会给你"控制"孩子的秘籍,而是分享一些我自己切身体验过的、能帮助父母更好地处理亲子关系的方法。

所以,如果父母是为了学习如何与孩子平等相处,如何尊重孩子,真正把孩子当独立的个体看待,与孩子合作共赢,想要用正确的方式激发孩子的潜力,帮助孩子在成长的路上认识自己、超越自己,那这样的育儿学习肯定是有必要的。因为这样的教育理念与多个教育心理学的研究方向紧密相关,特别是自我决定理论、积极心理学,以及儿童发展理论。这些理论和研究强调了尊重孩子作为独立个体的重要性,认为通过支持孩子的自主性、能力感和归属感,可以促进他们的内在动机,这是孩子克服困难、实现个人成长的关键。

误区二:孩子自由成长,家长"静待花开"

有一次,我和朋友谈起了孩子的教育规划,还没等我讲明白,她就打断了我,她认为教育是不能规划的,因为这样反而会影响或者埋没孩子的天性,不能让孩子真正做自己,进而阻碍孩子成长为自己喜欢的模样。

毕竟每个人对教育都有不同的理解,每个孩子都有自己的花期,有的开得早,有的开得晚。"静待花开"确实也是一种特别好的教育理念,但它绝对不是不管不问,这个理念背后是有两个底层逻辑的:规划和原则。

正因为要发挥出孩子本真的天性,所以父母才需要进行规划,规划与天性并不冲突。很多家长错误地认为,有规划就是让孩子按照父母设计的路线走。这样其实会埋没孩子的天性,父母之所以有这种想法是因为没有理解什么是真正的规划。科学合理的规划能够帮助孩子发挥他们的最大潜能,帮助孩子在成长的路上认识自己、超越自己。

天性，必定是独特的，即每个孩子都有独属于自己的特点。也正因为这样，我们才不能把那些千篇一律的育儿模式或者方法用于这些不同的孩子，比如要求每个孩子都热爱学习、拿取高分、考取名校，每个孩子都去学习钢琴凸显所谓的兴趣……总之要求每个孩子都要有一个"辉煌"的童年。

天性是与生俱来的，父母应该把焦点放在孩子自身天性上，尊重孩子的独特个性，在此基础上做适当的引导，让孩子"看到""认识"自己的兴趣、特长，从而激发他们的内在动力。

我有一个学员，她养育了两个男孩。哥哥在国外读大学。有好几次我们聊到了她的大儿子，妈妈总能非常清楚地描述高中时期哥哥的样子。在妈妈眼里，哥哥就是"颓废"的代名词，无论她如何教育开导哥哥，都无法让这朵花苞开花，直到后来哥哥在大学最后一年找到了自己的热爱，才彻底翻转了这个局面。现在虽然孩子不在自己身边，但每次越洋沟通都能感受到孩子身上的那份积极。也正因为哥哥的翻转，这位妈妈更加确信每个孩子自有花期。她认为在育儿方面何必要彼此折磨呢？就这样等待着"开窍"的那一刻多好。

带着这样的想法，她对弟弟的养育来了个180度大反转，也就是她认为的"静待花开"、不管不问，特别是学业上的事情。然而到了初中，老师隔三岔五约她谈孩子的学习情况，并告知她如果继续这样发展下去,孩子可能没有好学校可以读,这个时候她才开始担心。

随着和这位妈妈深入沟通,我发现弟弟对于游戏是十分沉迷的,他希望自己长大后成为专业的游戏玩家。而妈妈为了让孩子打消这样的想法,告诉孩子说要想成为专业的玩家,每天要打十多个小时的游戏,而且她也做好了准备,如果孩子要挑战,她也愿意陪着熬夜。结果孩子为了证明自己可以做到,真的连着数天每天熬夜打十多个小时的游戏。最后孩子状态越来越糟糕,学习就更不用提了。

事实是,这个体验并没有让孩子了解什么是真正的游戏玩家,反而让孩子误读了这件事情。妈妈之所以相信孩子体验后就会放弃,是因为她对孩子"开窍"有着错误理解,其实"开窍"是建立在家长科学引导基础之上的。

当然,老师对孩子的评判并不能作为妈妈了解孩子的唯一依据,它只是一个参考。面对成绩不好这个结果,家长需要了解孩子到底为什么成绩不好,这里可能存在知识掌握不牢的问题,可能存在学习方法方面的问题,也可能存在兴趣、态度方面的问题……对于这些问题,家长需要花时间去了解,和孩子一起探讨如何去解决,而不是"静待花开",等待孩子自己开窍。

所以,发挥孩子的天性,尊重孩子的花期并不等于放手不管、"静待花开",而是要有规划和原则的,具体方法我们在后面会详细分享。

**误区三:成绩好的孩子就有好前途**

在许多父母的认知里,依然是孩子成绩好便意味着离好前途更近一些。然而事实真是如此吗?

如果你还这么认为,就是你还不清楚孩子到底有多少个角色?除了学生,孩子还有很多身份,比如他是你的孩子、你们的家庭成员、别人的朋友。

成绩好,只能说明孩子在学生这个角色里发挥得不错,但是孩子的其他角色呢?它们往往是被家长忽略的。但凡其他角色被忽略,我们就可能忽略孩子学习成长的其他机会,比如在不同群体,如家庭、班级、朋友圈中获得的有意义的、正向的合作等,而这些也是孩子认识自我、探索自我、塑造自我的重要途径。

如果孤注一掷,把所有精力都放在学习上,那么孩子的眼界也会变窄,甚至认为只有成绩优异才代表着自己的成功,进而拼命保持优异的成绩,因为他们认为只有这样,才能得到他人的认可;相反,若学习没上去,他们就可能感觉不到自己的价值,认为自己是一个无用的人,甚至会否定和怀疑自己,那是非常危险的。

前面案例里那个在家休息的学生,其实起初她对妈妈的一切安排并不是发自内心地同意，但是也因为自己按照母亲的规划和安排得到了一些光环，这些光环恰恰也是目前很多人认可的，比如参加一些竞赛或考级让自己学得更多，努力进入名校让自己离所谓的好前途更近一步等。当孩子看到自己一一符合了这些外在标准，也会逐渐认为这样的自己便是一个优秀的孩子。

当妈妈和孩子享受这样的光环时，那时的她们是没有想到潜在风险的，而且当孩子动力不足停下来歇息时，这样的行为也并没有对妈妈起到警示作用，妈妈反而还是"生拉硬拽"地希望孩子能继续，直到孩子把多年内心的各种不情愿一一发泄出来后，妈妈才意识到事情的严重性。

其实，这并不是说父母不要注重学习成绩，而是强调在注重学业的过程中更要关注现象或问题背后的原因，从多个维度看到真实的孩子，比如孩子对困难的理解、对学习和挑战的解读等，在此基础上给自己和孩子一些时间去探索，而不是成绩不好就补习，用繁重的学业压垮孩子，更不是用外界的标准来衡量这个独一无二的孩子。

成绩好的孩子或许能够获得申请名校的资格，但并不意味着名校就青睐这样的学生。纵观世界名校，没有一所学校仅关注成绩。他们更希望能够遇见一个知道自己要什么，知道自己的爱好兴趣，且为之努力奋斗的青年。在孩子们期盼着能够进入名校,获得名校教育资源的同时,名校更希望看到一个有潜力、对自己有客观全面认识的人,而这一切离不开孩子对自我优势、劣势的认知。这部分内容在本书后面章节也会详细讲解。

再者,即便孩子成绩优秀,他们终有一天也会离开学校,走向社会,那时生活也才真正开始。要想在这个社会很好地生活下去,也绝不是仅仅在成绩方面优秀就可以的。

因此,如果想要给孩子一个更好的未来,那么也请从现在开始把焦点放在引导和带领孩子正视困难,慢下来花点时间与他们一起合作解决具体困难上,从而给予他们信心,而不是一味盯着孩子的成绩;同时,也需要更多地关注孩子的其他身份角色,帮助他们在其他角色中找到成就感,找到"我行,我能"的这种感觉。

以上便是育儿路上的三大误区,虽然只有三个,但里面包含了很多关键信息,希望通过这三个误区,大家能够对孩子的教育有更加深入的思考。

## 第二节　什么是育儿

育儿是一种技能,是可以通过学习和刻意练习而习得的。同时,育儿和其他很多技能一样,本质是从意识层面开始的。这一节我们主要探讨意识层面的内容,或许会有些枯燥,但也只有意识层面的东西弄明白了,了解了教育的本质,才能更好地实践技能。

**1. 育儿就是为孩子种下一颗自我教育、自我发展的种子**

英国著名教育学家怀特海在他的书《教育的目的》里曾经说过,学生是有血有肉的人,教育的目的是激发和引导他们的自我发展。英国著名的伊顿公学前校长对教育目的也有类似的见解,他认为教育的目的是鼓励和激发青少年进行终身自我完善。苏联教育家苏霍姆林斯基的一个重要教育理念就是,没有自我教育就没有真正的教育。

不仅国外的教育学家,我国很多教育专家也有着相似的观点,比如著名的自我教育研究者贺乐凡老师指出,自我教育根植于中华优秀传统文化,儒家经典《礼记·大学》中就记载有"自天子以至于庶人,壹是皆以修身为本"的名言。这里的"修身"指的就是自我教育,它是教育的根基。

教育的核心目标就是进行自我教育,逐步完善自我。那如何理解自己教育自己呢?自我教育是一个人作为独立的个体,探索自己、认识自己,通过不断的自省和实践,逐步成为一个成熟的人的过程。

不少家长对教育的理解可能局限在孩子读书期间,这样就很容易把教育等同于让孩子有个好成绩,而一旦把教育与生命的认知联系起来,把教育与"人生"链接起来,就会明白作为家长首要任务是什么了。

读到这里,可能不少人心里会有困惑:修身对于很多大人可能都没那么容易,孩子又如何能理解呢?作为孩子,他们能懂吗?孩子们会不会觉得这是在灌鸡汤呢?还真不是,这里我分享一些自己的养育故事给大家,其实孩子远比我们想的要厉害得多。

家长应该知道,对孩子来说,小学三年级或四年级是一个"坎儿",很多孩子会在这个阶段出现成绩大幅度下降或者不稳定的情况,这是因为"小低"阶段的学习核心是塑造孩子的学习习惯,并没有考核太多复杂的知识,而是否建立了好的学习习惯,在"小高"年级段就可以看出来。这里所说的学习习惯浅层理解是字迹的工整程度,按时做作业,有错题本,每天大声朗读,遵守学校纪律等,更深的理解则是孩子探索属于自己的学习方法。儿子在四年级上学期的时候迎接了这个"坎儿",我印象非常深刻。

某天下午课间,他在传达室给我打电话,一边哭一边说自己英语没考好,只考了80多分。听着他的哭诉,我才意识到当天是期中考试出成绩的日子,隐隐感觉他此刻正经历着这个"坎儿"。电话里我继续安慰他,告诉他回家后我们一起来聊这个话题,同时强调了我并不会因为他考得不好而不开心,让他先安心回去上课。

挂掉电话后,我开始感受当下自己的状态,我没有焦虑,没有紧张,反而有一股力量在支撑着自己,它让我给予孩子支持的同时,也做好了接受挑战的准备。

当天晚上回来,我并没有急于和他交流,只是告诉他我知道他很难过,在此基础上引导他体验并接受这种情绪。平静的情绪是解决问题的基础,处理好情绪后,才能开始着手解决问题。

面对问题,帮助孩子的第一步是真真切切地让孩子看到问题,具体到学习方面,不能只关注表面问题,比如某一道题如何做等,还要关注孩子对学习的态度、感受、想法等。

而这一过程就相当于给孩子种下了一颗自我教育、自我发展的种子，也是本节开篇提到的孩子的"修身"。

拿我辅导儿子英文为例，我不仅会跟孩子一起解决内容方面的问题，而且会关注他学习过程中的感受、想法。内容方面，我会让他朗读学校课文，除了关注他的发音之外，语音语调是我格外看重的，因为从语音语调中我能够感受到孩子是不是真的读懂文章了。朗读完课文后，我会让他读一句，然后用中文翻译一句，这也是检测他是否理解的过程。单句逐句翻译完之后，我用他自己说出来的中文反向提问，让他翻译成英文。

一般我都是一段段来检查的。特别想强调的是，我并不在意孩子一定要说得跟课本完全一样，因为或许他的版本也能表达出同样的意思。

自我体验方面，即"修身"方面主要体现在最后非常重要的一步——复盘！我们的复盘内容主要体现在个人感受、想法上。比如：

刚刚整体的感受如何？

刚才我发现你在过某个知识点时有点烦躁，你能告诉我原因吗？

要是你自己的话，你会怎么解决这个问题？

接下来需要我给你什么支持？

探讨完这些后，才会总结具体的学习方法，当然我会给出一些自己觉得不错的方法，比如上面例子中用到的方法，但更多的是希望通过一些引导，让他找到适合自己的学习方法。

这里有一点特别重要，就是家长给予孩子时间思考的同时，也要明确告诉孩子，成绩对自己而言并不重要，自己更在意的是孩子的探索、思考，以及敢于面对困难的勇气。正因为我意识到了这才是育儿的重点，所以相比很多家长，我才没有太多的焦虑，反而充满力量。

事实也是如此，在我陪了儿子一段时间后，他不仅成绩开始提升，重拾了信心，而且很快过渡到了"自动运转"模式，我慢慢地退出了。最重要的是，这个过程中，我给他种下了一颗自我教育的种子。

后来到了初一，他通过自己的努力，将数学成绩从入学的70多分提升到了99分。我留意到他除了请教学校的老师外，也会主动查阅网络上的各种学习方面的视频。这个年代，我们的学习资源一点都不匮乏，匮乏的是孩子自我探索的心，这是最宝贵的，而它不是说教能获得的，是长期引导和实践的结果。

孩子很难独立完成内修，家长需要在童年时期给孩子种下一颗自我教育、自我发展的种子。作为父母，需要学习如何创造条件诱发孩子的好奇心，赋予孩子一个更广阔的平台让他们去探索，并且学着独立解决问题，赋予他们成长的力量，赋予他们自我教育、自我探索的能力，不断满足成长需求。只有孩子的内在成长动力发挥出来，才能更好地汲取外界的资源、养分，才能有更多的机会获得成就感、价值感，进而更好地为社会作贡献。

2. 育儿的核心焦点不在"事"，而在"人"

育儿的核心焦点不在事，而在人。然而在实际育儿过程中，我们很容易把焦点放在事件上，而不是人身上。要知道，问题每天都会以不同的形式出现并影响着我们，所以了解问题背后人的想法和需求，在此基础上启发引导人拥有解决问题的能力才是更重要的。而培养这样的能力往往又需要通过解决一个又一个具体的问题来实现，所以家长不能害怕问题，更不能因为害怕而提前做过多的干预，这样会抹杀孩子成长的机会。

有一天，一位学员突然向我发来紧急求助。一看情况紧急，我便立马打了电话过去。电话里才得知所谓的紧急求助是想办法让孩子去上约好的击剑课。

爸爸接上孩子后孩子不想去上，问什么原因，他也不说。爸爸拿他没办法就给妈妈打视频电话，妈妈隔空问孩子："是不是因为想看动画片，觉得上了课就看不了动画片了？"孩子点点头，妈妈紧接着说："你上课回来后也可以看。"但孩子还是不同意，坚决不去。

此刻的妈妈已经非常生气了,她一边强压着怒火,一边抱怨:"早上说得好好的去上课,忽然说不去就不去了,教练空着位子在那儿等他半个小时,一节课400块钱,如果早点说,就可以安排给别人了。"当时,我能感受到妈妈除了对儿子不履行约定的不满,也有对教练的愧疚,除此之外,还有对孩子学习进度的担心。她着急地说:"孩子上周就因为生病一周没去上课,这周到今天差不多已经半个月没上过课了,那么久不上课估计会忘记很多动作……"

假设你遇到这种情况,你会如何处理呢?一般来说,处理某件事情时,肯定是带着期望和目标的,而这些目标和期望会直接影响自己的行为。很明显,这位妈妈的期望是孩子能够快速回归课堂,把落下的训练补回来,这样才会让自己安心,也会减少自己对教练的愧疚感。

这位妈妈的目标是孩子回归训练,她求助我也是希望我能给她一些建议,让孩子愿意回归。这就是常说的焦点在"事"上。她的目标并不是探寻孩子作为人的真实需求。

尽管她在求助的时候,最后也提到了希望知道孩子不愿意去的真实想法,但这个想法是建立在自己希望孩子尽快回归训练的"初心"之上的。如果带着这样的初心,接下来这位妈妈所有的动作都会围绕这个来,即便她知道了孩子不愿意去的真实原因,也可能并不会真正聆听,更谈不上接纳,因为她所有的关注点都在如何说服孩子回归训练上。

这也是很多时候孩子告诉过父母他们内心真实的想法,而父母却听不见的原因,因为父母下意识地都在关注事情,关注自己期待的那个结果,只有当孩子的话匹配自己想法的时候,他们才会消停下来。恰恰因为这样,孩子最终要不习惯了迎合父母,要不就是封闭自己,不再愿意与我们交流。

如果家长初心纯粹,不带个人期望和目的,带着好奇心去探索孩子内心的想法,从孩子本身出发,那么就可以在等待与探索中慢慢寻找答案,寻找那个适合孩子成长的最佳答案。当然,这个过程也需要父母与孩子建立起亲子沟通的桥梁,通过桥梁,孩子更能接收到我们的爱。

这是一个非常普遍的案例,除了这个例子,我也常常接到其他学员类似的"求助"电话。对此,一般我都会建议学员先不要执着于事情本身,而是关注孩子。遗憾的是,部分家长下意识地会执着于事情。比如大家最关心的如何让孩子获得更好的成绩,家长的第一反应就是找更好的老师,花更多的时间和金钱希望孩子在短时间内出成绩,但我们却忽略了停下来反思成绩不好这个结果背后的真正原因,特别是那些与人有关的原因。

一旦孩子成绩不理想,家长应该引导孩子一起复盘,通过复盘,了解孩子对成绩、学业、学校等的看法和认识,在此基础上引导孩子利用已有资源、合适的方法去解决问题。学习问题如此,其他成长问题也一样。随着一个个问题的解决,孩子也会越来越自信。

3. 育儿关键在于激发和维护孩子的内在动力

在漫长而充满挑战的育儿旅途中,每位父母都渴望为孩子铺设一条通往成功与幸福的道路。然而,真正的育儿智慧并非简单地给予孩子物质上的满足或技能上的培训,而在于激发和维护他们与生俱来的内在动力。优秀的父母,就像细心的园丁,他们懂得如何提供肥沃的土壤,让孩子的内在生长动力得以蓬勃发展。

在现实中,不难发现,许多家长都在不遗余力地寻找各种方法和途径,试图帮助孩子更好地成长。他们报名参加各种课外班,甚至不惜重金聘请私人教练,只为让孩子在成长的道路上走得更稳、更远。然而,在这股狂热的"助力"浪潮中,自己是否真正思考过孩子的内在动力,以及这股力量究竟从何而来?

事实上,不少家长忽略了一个至关重要的事实——孩子从诞生的那一刻起,就天生具备一种内在动力。这种力量,如同种子中的胚芽,只要给予适宜的环境,就能破土而出,茁壮成长。爱德华·L. 德西与理查德·M. 瑞安提出的自我决定理论正是对这一观点的深刻阐述。他们强调，个体天生具有成长、探索和与社会环境建立联系的动力，而这些基本心理需求的满足，正是激发和维持内在动力的关键所在。

这一理念，对于每位父母、教育者以及所有希望理解和促进孩子自我激励的人来说，都具有极其重要的启示意义。它说明，要想真正帮助孩子激发内在动力，就必须从满足他们的基本心理需求入手，为他们创造一个充满支持、鼓励和尊重的成长环境。

然而，令人遗憾的是，很多时候，父母之所以会向外寻求各种途径去帮助孩子找到内在动力，正是因为父母错误地认为孩子缺乏这种力量。而实际上，孩子从出生那一刻起，就是自带内在动力的。只是由于养育方式不当，这种力量才会被逐渐削弱，甚至最终被磨灭。

回忆一下孩子年幼时的情景。当他们还是一两岁的小不点儿时，那种对世界的好奇和探索精神多么令人惊叹。他们不会因为自己的肤色、胖瘦、高矮等特质而有所顾忌，只会凭借着一股满满的能量，去勇敢追求自己想要的东西。而当他们毫无顾忌地提问或发表自己的观点时，那种坚定和执着，更是让成年人感到震撼。他们站在地板上，抬头望着眼前这个"巨人"，虽然身体弱小，但内心却充满了力量和自信。

然而，有些家长却因为自己的权威和面子，选择用吼叫、威胁甚至暴力的方式制止孩子的真实表达。如果家长在日常生活中不断重复这样的行为，那么孩子的这股内在力量就会逐渐被磨灭。等到他们长大成人后，还能剩下多少这样的力量呢？

某些家长习惯性地通过类似的方式不断地消磨着孩子的内在力量，他们无意中剥夺了孩子探索世界的勇气、表达自我的权利以及追求梦想的决心，而这一切很可能源于家长未能正确理解和尊重孩子的内在动力。

因此，作为父母，需要重新审视自己的育儿方式。父母要学会倾听孩子的声音、理解他们的需求、尊重他们的选择，并为他们提供一个充满爱、支持和鼓励的成长环境。只有这样，才能真正激发和维护孩子的内在动力，让他们在成长的道路上走得更加坚定和自信。

## 第三节　育儿是家长重新认识自己的过程

孩子出现问题,有些确实可以通过技术层面的方法解决,但要触及孩子内心深处,促进其全面发展,必定离不开家长的自我成长。从表面上看,育儿是家长在帮助孩子成长,其实本质上也是家长重新认识自己的过程。

在辅导学员的过程中,我深切地感受到父母对孩子的影响之大,远非我们以为的"父母不玩手机,孩子就不玩手机"这样简单的言传身教所能涵盖的。例如,如果父母边界感不强,孩子也会受到影响,变得没有界限;如果父母内心嫌弃自己,觉得自己不够好,孩子自信心也可能会受影响;如果父母无法接受灰色地带,只看黑白,孩子也会如此……而这些,才是真正束缚孩子发展的因素。

你或许不认可,但事实确实如此。接下来,我将分享一个自己的案例,希望能让你有更深刻的体会。

有一天晚饭后，我在工作，儿子在学习。我们同在一张大桌上，这样的习惯从他小学一直延续到现在。那晚，和平常一样，家里特别安静，只能听到我敲打键盘的声音和儿子写字的沙沙声。

突然，他甩笔和叹气的声音打破了这份宁静，也打断了我的思路。我自然地问："你怎么了？"他说没事。我们继续专注于各自的事情，但不到十分钟，同样的动作又发生了，这次我的语调高了一些，因为他不仅影响了我的思路，还吓到了我。我再次询问，他又说没事。但不久，同样的情况再次出现，这次他还没等我回应，就哭了出来，问我："为什么我这么不好？你觉得我好吗？"

我相信，每个孩子在父母眼里都是很棒的。虽然孩子在我心中有些许小毛病，但我认为他拥有健康积极的价值观，能自我激励，勇于面对问题和挑战，能活出自己就足够了。因此，他的学业我并未太担心，他自己遇到问题会主动来求助，这也源于小学阶段我对他的刻意训练。

但当我听到那句话时，内心还是一震，因为这句话戳中了我的痛点——他居然和我一样追求完美。追求完美的人往往看不到自己的优势，经常怀疑自己。同时，他也非常在意我的看法。这对孩童而言很正常，因为他们的自我认知来源于身边亲密的人。但如果这成为他们认识自己的唯一角度,那就太可怕了。

其实,我知道追求完美会让人过得很累,而且世界上根本没有完美的东西,尽管早就知道这一点,但我并未真正用行动去改变。这是我的"心魔"。我的"心魔""成功"影响到了孩子。

当时,我只是过去给了他一个拥抱,安抚他,没有过多说教。因为我知道,这种情况下,说教只会增加他的烦恼。而且我也知道,要想彻底解决这个问题,只有我自己开始破除完美主义,通过日常的行为慢慢影响孩子。所以,就在那一刻,我决定把纠结已久的事情定下来——开始做视频号,而且是日更。其实,从技术层面看,做视频号并不难,难的是破除自己的完美主义心魔。到底好不好,只有做了才知道,且需要不断优化,这是很多人都懂的道理。但真正的问题是,如何开始?这困扰着追求完美的人,因为他们太在乎别人的看法,对自己的评价也来源于他人。

于是,我每天在他面前一次又一次地改稿子,一次又一次地录制、删除、再录制,反复演练。这一切都在他的眼皮底下发生。有时,他放学第一件事就是问我今天完成了吗?我会告诉他我的焦虑、想放弃的想法,觉得自己做得不够好,但他也会安慰我说:"先做,再修改,不要着急。"

在我录制了十多天后,他突然对我说:"妈妈,你有没有发现你比以前好多了,之前要录很多次,现在好像两次就可以过了。"

就这样,我完成了人生第一次100天的日更。后来,他自己在完成某件事情时,也时常会感慨:"不用过度追求完美,先做出来,再修改。"最后,我和他进行了一次复盘回顾,让他知道自己为什么要坚持做这件事情——源于他,但最终绝对不是为了他,而是为了我自己。

我只能说,这是一个启蒙的过程。如果想要有更大的影响,其实还是需要我们在过程中持之以恒地修炼,不断反观自己,在日常生活中多去实践,一点点完善。这是一个螺旋式的过程,不会有最好的,只有不断修复完善。在实践过程中,我们也教会了孩子如何认识自己、完善自己,更重要的是,尽量减少我们这些"意识不到"的模式对孩子的影响。

我也经常会问自己的学员:"你们有多少意愿准备提升自己以引领孩子?"当然,每个父母都有意愿,但更重要的是,父母是否有勇气面对真正的自己,通过学习成长实现自我疗愈。这部分内容,我们将在后面章节详细探讨。

## 第四节　育儿让孩子和父母建立深层联系

看到"孩子与父母之间存在深层联系"这样的表述,你或许会产生共鸣,因为在我们心中,父母与孩子的关系无疑是纯粹而深厚的。父母无条件地爱着孩子,而孩子也与我们紧密相连,共度一生。

然而,随着社会的变迁,如今的孩子们,特别是"00后"及更年轻的一代,显得尤为"自我"。他们不再轻易被"不好好读书就吃不饱,没有未来"这样的话语所打动。他们生活在一个强调个体的社会中,但这并不意味着他们自私或缺乏集体主义精神。相反,这要求父母更新教育理念,从长远发展的角度出发,理解并满足孩子内心的真正需求,激发他们的潜力。

这里探讨的其实是父母如何给予孩子成长上的支持。这种支持不仅体现在物质层面,更重要的是在思想层面,通过成长型思维训练,让孩子在成长道路上感受到自己的价值和信心。父母要成为孩子心中值得信赖的依靠,让他们相信与父母合作能够让自己变得更优秀、更有自主权、更有安全感。自我决定理论也强调了自主性、能力感和归属感对于激发内在动力的重要性,这提醒父母要关注孩子的精神需求,通过提供选择权和尊重来促进他们的自我发展。

在现实生活中,人与人之间的交往都存在着某种形式的"联系"或"支持",这种联系或支持能够满足各自的欲望或需求。这些需求既有物质层面的,也有精神层面的,能够深刻且长久地牵引彼此的往往是精神层面的联系和支持。我们在这里使用"联系"和"支持"这两个词,并不是要否定亲子之间那份纯粹的爱,而是想要提醒家长们,除了物质上的关爱外,还要在孩子成长的过程中,特别是在他们遇到阻碍时,给予正确的引导和全身心的陪伴。这样,孩子才能更好地自主实践、修正错误,才能逐渐认识到自己的能力和优势,长大后才有信心和勇气独自面对这个世界。

孩子们其实很聪明,他们内心有着自己的评估系统。他们当然应该尊重父母,但尊重并不等同于无条件服从。那么,在日常生活中,父母如何来加强这种联系和支持呢?

建立良好的亲子关系是核心。如果关系已经出现裂痕,需要先修复它;如果已经拥有良好的关系,那么这种联系和支持会让亲子关系更加牢固。从另一个角度来看,审视亲子关系的过程也是父母重新审视自身角色的一次机会,它让父母重新思考自己与孩子之间的关系。

读完这部分内容后,不妨花点时间思考以下几个问题来复盘自己作为父母的表现:

• 在过往养育孩子的过程中,自己扮演了什么样的宏观角色?具体承担了哪些职责?

• 回顾过去一周,自己的快乐和烦恼有多少是与孩子相关的?请分别列出并估算它们各自的百分比。

最后,写下你在回答这些问题时的感受,它将帮助你更好地理解自己作为父母的角色,以及你与孩子之间的关系。

# 第二章

# 关于那些"育儿问题"

作为家长,你可曾思考过,自己所认为的"育儿问题",当真就是问题吗?又或者说,真的是关键所在的问题吗?换个角度看,很有可能你根本不清楚问题究竟出在何处。也许此前你从未思考过这一问题,然而它却极为关键。所以此刻,你不妨稍作停顿,花几分钟时间,认真思考一下。

对于要处理的咨询个案,通常我都会率先协助来访者梳理出他们真正面临的育儿问题。毕竟,倘若在问题的界定上就出现偏差,那么也就意味着努力的方向从一开始便是错误的。因此,我会用这一整个章节,与你一同探讨究竟什么才是真正的育儿问题。

在我看来,很多家长眼中的问题并非真正的育儿问题,准确讲,是父母的期望与现实之间产生了落差。比如孩子的学习状态和成绩与父母预期的不同,父母就认为孩子有学习问题;比如父母认为好的大学是成功的必经之路,而孩子并不喜欢上学考试，反而喜欢画画，父母就认为孩子未来的职业发展会有问题。

　　固然家长过往的人生经验可以给孩子一些启发，但家长也需要明白，自己的认知都是由自身过往的经历塑造而成的，而孩子和家长所处的环境并不相同，一旦家长用自己过往的认知判断孩子的需求，极有可能会针对"错误"的问题探寻"正确"答案，这样自然是不可能找到正确答案的。更何况每个孩子都是一个独立的生命个体，都有其自身的需求，而育儿的本质，便是探寻孩子的成长需求并予以满足。

## 第一节　为什么你有那么多育儿问题

在我看来,所谓纯粹的育儿问题其实并不多,然而事实却是很多家长都为育儿而烦恼,为了便于大家理解,就暂且将这些与育儿相关的困惑或问题统称为"育儿问题"吧！那么为什么你会有那么多的育儿问题呢？

1. 关注点在"问题"上,而不是孩子上

不少家长在出现所谓的育儿问题的时候,首先关注的都是问题本身,而很少或者从不关注孩子。这一点和前面提到的很多人错误地把育儿焦点放在事情上,而未放在人上有点类似,只是这部分内容会更加倾向于具体的问题。

一位学员妈妈,她的孩子七岁了。有一天,她极为焦虑地找到我,说她的孩子迷恋上"烟卡"游戏了。这种"烟卡"是用烟盒制成的卡片,孩子们以烟品牌的价格高低来衡量具体烟卡的价值,在此基础上进行交换或游戏。这位妈妈表示,自从孩子迷上玩烟卡后,连每天的户外活动都不参加了。让她最担心的是,孩子玩烟卡可能会发展到实际买卖阶段。最近小区的妈妈群里也纷纷开始讨论"烟卡"事件,这使得原本就焦虑的她愈发迷茫着急了。

身为父母,确实很难接受孩子玩这类游戏。那么,此刻请你想一想,如果这是你的孩子,你会怎么做?想方设法制止孩子参与?不让孩子下楼?显然,父母不可能时刻盯着孩子。

告诉孩子这种行为不对,让孩子别参与?让孩子远离玩烟卡的同伴?这样能解决问题吗?

要知道今天可能是烟卡,明天则可能是奥特曼卡,又或者其他不良游戏,这样问题是不是会越来越多?坐下来冷静思考便会发现,这些问题归根结底是同一类问题,应从根本上认识其原因。

现实中,大部分家长遇到这类问题时,都会将关注点聚焦在"烟卡"上。那么假设一下,如果孩子沉迷的不是"烟卡",而是一本英文书,是不是就全然没有问题了,甚至家长还会鼓励孩子多参与呢?

所以,家长判定孩子是否存在问题,其答案实际上取决于家长自己内心所认定的"好",这样一来就很容易只关注事件本身,而忽略了孩子。就像我的这位学员,她关注孩子玩烟卡这件事本身是正确的,但关注点不应仅在"烟卡"上,而应透过"烟卡"看到背后本质性的问题,其本质是这位妈妈极为担心孩子因为玩烟卡而学坏了。

因此,在这种时候,家长不应只是焦虑于如何让孩子不做这件事,而应了解孩子的需求,帮助孩子在这件事情当中提升自身能力,比如分辨好坏的能力、应对诱惑的能力等,又或者是完全沉浸在正确而有意义的事情中不被这些"旁门左道"所干扰的能力。

当家长将注意力集中在"孩子"身上并着手解决问题时,就不会过分担忧孩子玩什么牌了,因为你对他应对不良事件有着足够的信心。当孩子自身拥有一个健康积极的内在评估体系,你便会发现,其实育儿问题并没有那么多。反之,之所以很多家长感觉育儿问题重重,是因为他们过于关注问题本身,而忽视了孩子。

2. 在育儿方面不知道自己的核心目标是什么

很多家长之所以觉得有非常多的育儿问题,还有个很重要的原因就是,不知道自己在育儿方面的核心目标是什么。明确核心目标,类似的育儿问题便会被分类,这样不仅一般问题会越来越少,重点问题也会更突出。核心目标,就像是航行中的灯塔,为家长指引方向,帮助我们在纷繁复杂的育儿挑战中保持定力。

一旦家长能够明确自己在育儿上的核心目标——比如培养孩子的独立性、塑造良好的品格、激发学习兴趣或是确保身心健康,我们便能更加条理地审视和处理遇到的各种问题,而不是频繁应对各种单一问题。

继续结合前面那个"烟卡"案例来分析,对于玩烟卡这一行为,家长不应该停留在表面上,而应该看到这一行为背后的育儿核心目标,即分析思考问题的能力、评估判断的能力、面对诱惑的自控力等。

对于这个案例,还有一点需要注意,建议家长不要给所谓的"坏孩子"贴标签。相比贴标签,更应该从人成长的环境因素方面引导孩子去思考,为什么这个孩子会有这样的行为,让孩子明白,每个人的家庭环境或外在成长环境是不同的,不同的环境对人会产生不同的影响,在此基础上引导孩子看得更深远一些,对他人也多一分包容和理解,而不是因为一个"坏孩子"的标签而隔绝一切。

3. 你的那些育儿问题可能并非真正的问题

开篇我就说过,很多"育儿问题"其实是因为自身期望跟现实之间存在差距引起的,这些问题大体可以分为两类。

读下面内容前,你可以把最近困扰你的一个育儿问题写下来,然后跟着下面的思路判断,这个育儿问题可能属于哪一类?

(1)由家长的过往经历、错误认知导致的问题

我有一位学员,虽然自己孩子的成绩已经很优秀,她仍然会带孩子参加一些热门培训,比如计算机启蒙课程、英语口语课程

等，并严格要求孩子在各方面都表现出色。原因是她担心孩子错过重要的课程和证书，从而落后于他人。

经过了解，我发现这位一直表现优秀的母亲，曾在一次关键的晋升选拔中因为学历而未能晋级。晋级的人业务水平不如她，但仅凭学历优势就超过了她。

尽管她已经对此释然，但在面对孩子时，她仍下意识地希望孩子不要重蹈覆辙。因此，她忽略了频繁奔波于培训机构带来的身体劳累和思想禁锢，以及给孩子带来的无形压力。此外，她对教育机构产生了依赖。这也是许多家长坚持让孩子上培训班的原因。因为这就像"保险"，孩子去机构学习至少能让家长感觉孩子仍在"正确"的轨道上，更有安全感。

然而，这位学员的孩子虽然最终进入了一所"名校"，但很快因为学习状况一般、精神状态不佳休学了。那么优秀的孩子怎么会这样呢？表面上是因为成绩，但深入探究，背后却是孩子对自己角色的错误认知。在她看来，优秀和成功等同于进入好的学校和班级，如果换到一个竞争不那么激烈的学校，就相当于承认自己不优秀。在她的认知里，只有那几所学校代表着优秀。

导致这一切的，其实是这位母亲认为学历非常重要的观念。

因此，在孩子成长的过程中，家长应更加"中立"和"客观"，尽量不要从个人经历出发，而应该从孩子这个"人"的需求出发。

这样你就会发现,所谓的育儿问题会越来越少!

(2)由家长焦虑引起的问题

有一位妈妈,她从小对于学习习惯的定义就是必须安静地坐着一鼓作气地把该完成的课业都处理完,中间不能"开小差"。她希望自己的孩子也要这样。于是她会在孩子学习的时候观察孩子,比如计算孩子完成各项作业花费的时间,语文作业用多少分钟来完成,与昨天相比是快了还是慢了……她会用自己的学习习惯来衡量孩子是否在认真用心地学习,而一旦孩子没有照她的想法去做,她就会特别焦虑。

这位妈妈完全没有意识到,孩子其实和自己是完全不同的两个人,学习方式不一样很正常,而且孩子用自己的方式并不一定就会效率低。

这只是一个普通的案例,在生活中却有不少类似的场景。这里不探讨如何培养孩子的学习能力,只是想用这个故事让大家更加真实地体验到,家长以为的孩子的问题,或许是因为家长的焦虑引发的。

在陪伴孩子成长的过程中,家长很容易把上面这些问题误认为是真正的问题。那什么样的问题才是根本问题呢?我们看下节内容。

## 第二节　洞察育儿"真问题"，洞悉孩子"深层需"

很多育儿问题，其实根源于孩子的需求未被满足。那到底什么是孩子的需求呢？

家长必须承认每个孩子都有其自身的生命主张。换言之，他们具备内在能动性与内驱力，这些是与生俱来的，自出生之时便已拥有。通俗来讲，就是孩子也期望成为自身的主宰，掌控自己的所有事务。这也是孩子获取自我价值感与归属感的重要途径之一。

奥地利著名个体心理学家阿尔弗雷德·阿德勒提出，所有人的目标都是获得一个位置，感受到自己的重要性并且被他人所需要。这正是孩子们质朴且纯粹的生命需求。

那么，作为家长，教育的起始点，应当是保留孩子们这份天生的能量，同时给予他们支持与引导，助力他们成长，使他们能够拥有独立的生命个体特质，并且在成长历程中努力做出富有意义的行为。

然而实际情况却是，很多家长将注意力聚焦于自身的认知与焦虑上，常常忽视孩子的需求。无论是"烟卡"事件里那位陷入抓狂状态的妈妈，还是那些将孩子送往培训机构而满心焦虑的妈妈，她们非但没有注意到孩子的需求，甚至还对孩子表现出不尊重与不信任，如此一来，极易使孩子拥有的这些能量逐渐被消磨殆尽。

实际上，和成年人一样，唯有当孩子内心有意愿去做某件事情时，才会拥有动力与勇气去接受挑战，才有可能对自身行为加以约束，充分发挥自身潜能，进而朝着更高的层次去发展。

这里有个前提，那就是你看见了孩子，看见了孩子的意愿和真实需求。

读到这里，相信你已经明白了，其实要想找到育儿问题的根本所在，需要聚焦问题背后"人"的需求，少一些自己的执念和过往的经验，多一些中立和客观，多一些尊重和平等的思维。在实际生活中，面对孩子的问题行为，我们具体应该如何做呢？

很多家长都希望我能提供一套方法，便于他们在日常生活中应用。坦白说，这个问题确实让我感到困扰。每个孩子都是独一无二的，每个家庭都有各自的特点，每个父母都有自己的认知模式,即使遇到相同的问题,背后的形成原因也可能是不同的,所以很难用一个"几部曲"或某个"育儿模型"来笼统概括。

再者,如果真的有一个模型出来,也不能把每个案例强行往里套,为了套用而套用,这样反而限制了自己的思考。如果说非要有一个框架出来,背后无非就是平等、尊重、共情、聆听、一同合作这样一些基本原则。在遵循这些原则的基础上,下面这两点非常重要:一是明确问题,二是看见孩子。

1. 明确问题

有个孩子马上要幼升小了,妈妈明显感觉自己孩子的心智比同龄和同班的孩子不成熟,于是,她打电话来询问我如何让孩子顺利过渡到小学。

咨询中,她详细描述了孩子的变化。孩子到了大班之后,明显比在中班更依赖妈妈。在此之前,孩子对上学并没有太多的意见或想法,但到了大班,几乎每天都表现出入学难的情绪。比如入学的时候容易哭;比如比较容易因为同学的话而掉眼泪;比如午睡睡不着;还有就是在幼儿园里又会想家里的妈妈和妹妹等。

这位妈妈觉得孩子太矫情了,每天都唠叨这些内容。而她呢,又不断地对孩子说教。当说教不起作用时,她就开始吓唬孩子,比如告诉孩子"不去学校以后就得捡破烂"等。她"软硬兼施"，想尽办法希望孩子能顺利过渡。

在一个半小时的咨询时长里，大概有一半时间她都在回顾和不断重复自己孩子比同龄孩子心智不成熟的表现，以及孩子的各种"矫情"。

不知道读完这个案例的你，会如何面对这样的育儿困扰呢？

许多妈妈在向他人诉说自己的育儿困扰时，都会像这位妈妈一样滔滔不绝地讲述自己的经历，并加入大量情感色彩。她们往往会将情况描述得极为糟糕，甚至会想象出由此可能引发的更糟糕的未来。然而，她们往往没有清晰地说明具体的问题是什么。因此，当这位妈妈停下来后，我首先问她："你真正想问我的问题是什么？"

要想解决问题，就必须从絮叨中抽离出来，明确自己究竟面临什么问题。

例如，这位妈妈之前提到担心孩子不适应小学，那么她的问题是不是如何让孩子适应小学呢？似乎并非如此。

她又提到孩子觉得午睡很难，那么她的问题是不是如何让孩子顺利午睡，或者如何让老师同意孩子不午睡呢？实际上也并非如此。

问题不明确，方向自然也就迷失了，更谈不上解决问题。

经过不断确认，这位妈妈提出了以下两个问题：

第一个问题:孩子是否可以延迟一年上学?

第二个问题:如何让儿子不那么"矫情",能够积极面对学校生活?

你可能认为这些就是真正的问题了,其实不然。这两个问题本质上是一个问题。两个问题背后,这位妈妈真正的问题是,孩子如何才能变得"懂事"和"成熟"?具体来说,就是妈妈认为孩子不能去学校的主要原因是孩子的"矫情"。她希望孩子延迟上学,是因为她认为孩子大一岁就会更有能力、更懂事。

到这里,看似真正的问题出现了,那就是:如何让孩子具备妈妈所期望的"懂事"和"成熟"?

然而,这仍然不是真正的问题。当继续问妈妈为什么一定要孩子懂事和成熟时,就发现妈妈对孩子不成熟和不懂事的判断其实来源于与同班同学的对比,这种对比让她感到不安。同时,她希望孩子更懂事一些,这样自己在育儿上就能少一些麻烦。

因此,这位妈妈希望孩子"懂事"和"成熟",是出于自己的期望,而不是从尊重孩子个人发展的角度去培养孩子的"懂事"和"成熟"。从这里不难看出,其实妈妈自身也存在一些问题。

家长们平时可以像我和这位妈妈对话一样,自己对自己提问。这个提问的过程本质上是一种梳理。一连串的提问,其核心意义是让自己抛开原本对孩子的所有定义,以更中立、更客观的态度看待问题本身。

比如在这个案例中,最后我了解到,孩子其实对学习和学校持有不同的看法,他有自己的想法和主张,但妈妈没有关注孩子的需求,所以孩子的主张被直接忽略了。

在日常生活中,无论遇到哪种类型的育儿问题,都不要急于解决,而要先通过向内探索找到明确具体的问题。

2. 看见孩子

现在已经明确了问题所在,很多问题在深入梳理后,不仅会暴露出孩子的问题,也会让父母自身的问题浮出水面。接下来要做的是"看见孩子"。

"看见孩子"这四个字听起来可能有些玄妙,甚至容易引发争议。毕竟,父母每天都与孩子相处,他们就在父母眼前,活生生的,怎么会看不见孩子呢?那么,这里所说的"看见孩子"应该如何理解呢?可以从两个维度来解读。

第一:看见孩子与生俱来的能动性。

家长要努力看见孩子这个人,看到孩子与生俱有的能动性。

有一段时间,我女儿非常喜欢去拿角落里的扫把扫地,而扫把后面放着一个盆栽,之前她每次拿完扫把都会去摆弄盆栽,稍不注意就弄得满地都是泥土。因此,每次当她准备摆弄盆栽时,我都会阻止她。

有一天,她又去拿扫把准备扫地,拿完后,她的小手又习惯性地指了指旁边的盆栽。我直接说"NO",但她仍然坚持。这一次我没像之前那样连续说三个"NO",而是选择安静地等待,看看她的反应。结果你猜她怎么了?下一秒,她竟然没去摆弄盆栽,而是转身拿着扫把去扫地了。那一刻,我深受触动。我反思道,如果自己连续说三个"NO",或许扫把就会被扔在一边,而她则会继续去弄那个盆栽。

上面案例中,自己的喋喋不休换来的可能是最不愿看到的结果,这是因为孩子可能会感受到父母的不信任和操控,于是他们会把大部分精力都花在对抗上,而不是改变。虽然不停地絮叨讲道理看似为了孩子好,但实际上却可能在侵蚀孩子的精力,破坏孩子的自然能动性。

其实,对于某一不良行为,孩子是有自己改正的能动性的。当意识到他们可能又要做出不良行为时,我们往往会本能地通过语言或动作来制止。但可怕的是,家长往往不知道,在拒绝孩子行为的同时,也可能拒绝了他们的潜在能动性。

孩子天生拥有能动性,但由于他们还处于成长阶段,尚未形成规则意识和理性思维,因此显得不够成熟,这也正是孩子成长需要家长引导的原因。

教育更多地体现在日积月累的影响中。在日常生活中,父母应该一点一点地将那些不良行为引导成更有益的行为,而不是简单粗暴地抹杀掉孩子潜在的能动性。对孩子思维和个性成长帮助最大的,正是父母每天积极正向的潜移默化的影响。

第二:听见孩子的心声。

有的孩子因为成绩不理想想要放弃学习,于是对家长说:"妈妈,我不想上学了,我只想在家待着。"对此,很多家长听不见孩子的心声,而是直接把注意力放在"不上学"上,脑子里马上想到了不上学将来怎么办,不上学不就废了吗?稍微冷静点的家长可能会对孩子进行说教,讲一堆所谓的大道理,试图说服孩子继续上学;不冷静的家长可能会劈头盖脸地训斥孩子:"我辛辛苦苦供你吃穿,哪一点亏待你了,你就这样回报我?!"总之,他们根本不给孩子说出自己心里话的机会。孩子为什么不想上学?是因为学习方法不对成绩不理想?是因为在学校与同学相处不融洽?严重的,还是因为遭受了校园欺凌……所有这些关于孩子成长的重要信息,家长根本没注意到。

没错,孩子说的话,家长往往会因为自身原因,无意识地忽略掉,而它们对孩子来说又如此重要。真正的尊重、聆听、接纳是建立在平等基础之上的。无论在哪种情况下都应该尊重孩子这个个体,尊重孩子的感受,尊重孩子的需求,尊重孩子的期待,以平等的态度促进亲子之间的沟通,在此基础上去解决问题,而不是无休止地抱怨、指责。

当家长明确问题,看见孩子的真正需求,就可以和孩子一起着手解决问题了。作为家长,要以合作和相互帮助的思路与孩子一同行动,从而赋予孩子解决问题的能力,使孩子收获自信心及价值感。

亲子之间的合作往往不会一帆风顺,但如果家长能够正视遇到的困难和挑战,把它们当成一种机会,实际上是可以促进孩子成长的。合作能让家长及时发现真实存在的问题,很多问题只有通过一步步的探索和实践,才能确切地知道到底卡在了哪个具体环节,而这些卡点才是真正阻碍孩子继续前行的绊脚石。只有当孩子能够勇敢地面对这些绊脚石并成功地跨越过去,他们才能真正建立起自信心。

育儿问题的出现,其实是家长培养孩子的契机,而且孩子年龄越小,培养效果越明显。同时需要强调的是,任何技巧都是敌不过爱的,认可孩子当下行为背后的正向动机,理解孩子的需求,时刻注意保持和加强已有的亲子联系,才更有利于后续问题的解决。

## 第三节 家长需要具备的育儿心态

在撰写此章节的清晨,一位学员向我发来这样一段话:"我发现上次老师帮我梳理问题并辅导时,最终让我眼前一亮的并非具体的操作步骤,而是一种力量,一种支撑我继续前行的力量。"

不知你是否有过这样的体会:即便学习了诸多育儿技巧,却仍感到无力,面对孩子的各种状况仍然会茫然无措。

给我发信息的这位母亲育有两个孩子,因不知如何引导孩子而与我结缘,起初她一心只想学习技能,然而持续学习一段时间后,她深切感受到最让她受益的是那份坚持下去的力量,而这股力量实则是面对育儿难题时的勇气。当我们拥有勇气,自然更愿意去尝试,进而掌握技能的速度也会相对更快,运用起来也会更加自如。

实际上,在育儿过程中,阻碍父母获得勇气的往往是那些不易察觉的内在意识,也就是常说的心态。那么,在育儿这条漫漫长路上,究竟需要具备怎样的心态呢?有四点至关重要,接下来将结合本章前面的具体案例,深入剖析心态对于解决育儿难题的关键作用。

1. 摒弃焦虑,保持乐观心态

看到此处的你,是否会感到些许焦虑?毕竟你意识到很多育儿问题归根结底都需要家长自我成长。家长持续学习、改变自我,才能对孩子产生积极影响。但万不可因此而自责,陷入内疚的泥沼。

开启育儿之旅绝不是源于焦虑,最终也不应落脚于感叹自身作为家长的失败!而应明白,家长是促成改变的关键枢纽和桥梁。明确这一点至关重要。

摒弃焦虑,保持乐观心态,这是家长需要具备的第一种心态。这是因为一方面,大人与孩子一样,只有在充满力量、心情愉悦时才能表现得更好,更勇于探索和参与,所以家长要消除焦虑,尽量保持乐观的心态;另一方面,人际关系的本质乃是信息与能量的传递。但在日常生活中,人们常常只关注信息的传递,却忽略了能量也在无形中影响着彼此的关系。倘若父母的内心充满担忧,即便行为上做得无可挑剔,孩子也能敏锐地察觉到父母的焦虑情绪,并或多或少受到影响,从而使所有育儿方法的效果大打折扣。

前面案例中，每位母亲内心都潜藏着一份焦虑：那位担心孩子玩烟卡的母亲，焦虑于若不及时控制，孩子可能会沉迷卡牌，像其他孩子一样"不务正业"，进而成绩下滑，甚至走上"歧途"；那位热衷于送孩子去各种培训机构的母亲，整日忧心自家孩子比别人家孩子少掌握一项技能、少拿一个证书，从而失去机会；还有那位期望孩子学习习惯与自己如出一辙的母亲，焦虑于孩子若未形成良好的学习习惯，未来便可能堪忧；再有那位幼儿园孩子的母亲，深陷于担心孩子不够成熟的焦虑之中。

而你是否也常常陷入类似的焦虑呢？若答案是肯定的，你就会发现，当焦虑情绪来袭时，消极心态便会随之滋生，如恐惧、担忧，产生"防患于未然"等心理，如此一来，即便掌握再多育儿技能也难以施展，更无法冷静看待孩子反复出现的行为。在焦虑的驱使下，作为父母会本能地立即制止孩子的行为，更别提让孩子去尝试错误并从中总结经验了。

所以，在育儿过程中，首要便是摆脱焦虑心态。一旦察觉自己正处于焦虑状态，尽量停下来，努力让自己恢复平静，然后再与孩子进行交流，这一点极为重要。

2. 以成长型思维看待育儿

当我们以现有的能力去预想未来可能遭遇的挑战时，退缩是难免的,毕竟当下的我们能力有限。结合自身实践经验以及辅导学员的经历,我发现只要我们从当下这一刻开始学习并付诸行动,未来其实并没有想象中那么可怕,一切大概率会越来越好。也就是说,要用成长型思维去看待育儿这件事。

例如那位幼儿园孩子的母亲,内心极度害怕孩子每晚向她诉苦,根源在于她自己不知如何回应,而当自己不知如何应对时,潜意识里就会制止孩子诉苦。在育儿过程中,这种情况极为常见,却往往被忽视。如此一来,即便学了育儿技能也无用武之地,因为自己拒绝成长,也就从源头切断了与孩子沟通的渠道。

再如那位为了孩子不落后于他人而让孩子奔波于培训机构的母亲,倘若她能更多地了解当下新时代的思想,不再陷入"早知道"的懊悔中,积极学习并调整自己对过往经历的认知,而非将自己的全部精力都倾注在孩子身上,让孩子看到妈妈积极应对生活挑战的态度和勇气,那么她给予孩子的将是正面的影响,而非始终处于"防患于未然"的紧张状态。

当育儿问题出现时,若能将畏惧问题的心态转变为欣喜于孩子又获得成长契机的心态,那该有多美好。从孩子自身角度而言,他们在人生道路上也会遭遇各种各样的挑战,同样需要以成长型思维去看待和处理这些问题。

而若想让孩子拥有这样的心态,家长首先要以身作则。当你开始带着成长型思维勇敢面对未知,不断学习并践行时,你会惊喜地发现孩子也会受到你的积极影响。这种情况屡见不鲜,许多家长学习一段时间后,不仅掌握了育儿技能,自身也获得了成长,孩子的问题也随之减少。毕竟我们都明白,在解决育儿问题的同时,家长自我成长之路的开启也十分重要。

3. 树立长期思维

在育儿过程中,许多家长在孩子出现问题时,下意识地就想迅速解决问题,简单来说,就是想尽快平息事端。

比如孩子做了所谓的错事,家长打一顿,孩子便停止哭闹,家里也恢复安静。这种做法确实能产生立竿见影的效果。然而,这样做真的解决了孩子哭闹的问题了吗?显然并非如此!正如前面那位幼儿园母亲的做法,先是说教,后用"恐吓"手段逼孩子去上学,孩子因害怕而顺从了母亲的意愿,母亲便以为问题解决了。

但实际上这只是短期的表面效果,同时还会埋下隐患。首先,同样的问题必然会在不久的将来再次出现,因为这种短期有效的方法并未从根本上解决问题。其次,还可能引发更严重的问题,比如许多最终出现"大"问题的孩子,最初往往只是类似哭闹不上学这样的"小"问题。

所以,在解决育儿问题时,家长需要树立长期思维。孩子出现状况后,先不要焦虑,试着努力静下心来分析并解决问题。

比如那位担心孩子不上幼儿园的母亲,她认为孩子的行为是不成熟的表现,然而深入分析便会发现并非孩子不成熟,而是这位母亲将自己的孩子与其他孩子进行了不恰当的对比,问题的根源在于母亲自身。

实际上,日常生活中的许多问题都源于对比,比如许多家长判断问题是否解决很大程度上取决于与他人的比较,孩子今天的表现是好是坏、是否优秀,都参照他人的标准。而这样的标准和压力,很容易让家长忽视长期有效的方法,比如教会孩子认识自己等。就像这位担心孩子不上幼儿园的母亲,她并未意识到应将焦点回归到孩子自身,协助孩子建立自信心。

倘若这位母亲没有长期思维,就会像最初那样逼迫孩子去上学。在我的引导和帮助下,当她认识到这一点后,便不再强迫孩子了,而是静下心来观察孩子,发现问题,然后积极引导。

再如孩子玩烟卡的案例,如果没有长期思维,也许母亲就会强行阻止孩子参与;若具备长期思维,家长便可能将目标设定为在孩子心中建立一套长期有效的行为准则体系。

缺乏长期思维,家长在面对问题时便可能简单地认为这只是孩子单方面的问题,进而在育儿过程中利用手中的权威逼迫孩子服从自己,而不是与孩子共同面对、一起行动,更谈不上合作,自然也就无法从根本上解决问题了,亲子关系也会愈发不和谐。

因此,育儿要秉持长期主义。

**4. 育儿切勿急躁,要学会放慢脚步**

许多家长都对漫长的育儿之路心怀忧虑,这种担忧的背后,实则是担心付出诸多努力却不知何时才能看到成效。那么你是否思考过,你期望的成效究竟是什么?是孩子能够独立,还是孩子事业有成呢?其实,育儿过程本身就是一种教育,家长所期望看到的"成效"其实每天都在潜移默化地影响着孩子。

比如培养孩子的独立性,前提是家长要学会放手,给予他们试错和反思的机会。这样的过程是培养孩子独立的关键环节。同时,既然我们每天都在对孩子产生潜移默化的影响,那么作为家长,就要学会放慢脚步,耐心等待孩子的成长。当然,等待并非袖手旁观、放任自流,而是要找准家长与孩子之间的边界,运用恰当的方法等待孩子的回应,等待孩子告知他们的真实需求,等待孩子在实践中消化家长给予的引导,并及时给予进一步的引导。

正如 M. 斯科特·派克在《少有人走的路》中所说:"对于正

在成长中的孩子来说,父母最应该给予的是爱。爱的目的,是要帮助孩子确立独立的人格,而不是让他的人格依附于父母;是要让孩子勇敢地追逐自己的梦想,而不是让孩子替父母圆梦;是要让孩子自己去体验生活,而不是要父母替孩子生活。"

# 第三章

## 科学积极的意识是解决问题的基础

无论家长学习多少育儿知识,最终所运用的教育技能或方法,其实都源于自己的信念、认知、理念、情绪诱因、预期、假设等这些意识,本质上其实是这些意识影响着我们的教育方式和亲子关系。

家长的意识对孩子的教育具有至关重要的影响,这也意味着家长首先需要对自己的信念、预期、假设等进行深入的理解和反思。它不仅能帮助家长更好地理解自己教育行为背后的动机,还能帮助我们识别和改变那些可能对孩子产生负面影响的行为模式。

例如,一个家长可能会因为自己的成长经历,对孩子的学习成绩抱有极高的期望。这种期望可能源自家长的自我认同和价值观。如果家长没有意识到这一点,可能会在不经意间对孩子施加过大的压力,导致孩子感到焦虑和挫败。然而,一旦家长开始反思自己的期望是如何形成的,以及这些期望对孩子的实际影响,我们就可能采取更加积极、支持和鼓励的教育策略。

在漫长的成长之路上,孩子需要的是理解他们、尊重他们、信任他们,且真实而有力量的家长。真实且有力量的父母能够察觉自身的不足,敢于承认这些不足,并愿意努力完善自我,进而使自己成为更出色的父母。家长在完善自我的过程中,不应过度责备自己,也不应陷入更深的焦虑,更不能因为觉得自身难以改变而轻易放弃。我们应该树立与孩子共同成长的信念,感恩孩子给予我们再次成长的机会。所谓育儿育己,就是在养育孩子的过程中洞察自身意识,纠正自己的错误认知,进而通过修正自身为孩子树立典范。

简·尼尔森的正面管教理念表明,父母的自我反省与成长不仅是个人发展的必经之路,更是培育健康、幸福下一代的关键要素。而这里提及的要求家长自我反省与成长的诸多方面,可能是我们的认知盲区,抑或是我们知晓却始终回避的问题,而它们恰恰处于极为核心的位置,且深刻影响着孩子。当家长能够识别和理解自己的情绪和反应等意识时,就更有能力以积极的方式响应孩子的需要,从而建立一种基于理解、尊重和信任的关系,在此基础上不断助力孩子成长,而这一过程也是家长认识自己、收获成长的过程。

那么作为家长,应该以什么样的意识去育儿呢?首先来了解家长自我意识成长的四个阶段。

## 第一节　家长自我意识成长的四个阶段

家长的意识到底是如何影响孩子的？首先，从人的自我意识或自我认知说起。

个人成长有四个关键的认知发展阶段：无意识无能、有意识无能、有意识能力和无意识能力。这个模型被广泛用于心理学、教育学和个人发展领域，帮助个体理解学习过程中的心理变化。这四个阶段描述了个体从完全不知道自己缺乏某项技能，到意识到自己的不足，然后通过学习和实践变得熟练，最终达到一种几乎自动化的技能水平的过程。每个阶段都是个人成长和学习过程中的一个重要步骤，有助于个体进行自我反省和目标设定。

这一模型不仅适用于技能和知识的学习，也适用于父母在养育孩子时对自己养育理念的认识和发展。在育儿过程中，父母的养育理念往往与他们的潜在意识紧密相关。结合自身育儿实践和辅导学员的经验，我总结出了家长自我意识成长的四个阶段,它们和个人成长的四个关键认知发展阶段刚好吻合。

第一阶段:"不知道自己不知道"。即父母未意识到自己在育儿方面存在问题,当然更不知道问题出在哪儿。

第二阶段:"知道自己不知道"。处于这一阶段的父母能够意识到自身出了问题,但不知道具体问题出在哪儿,他们想要努力改善。

第三阶段:"知道自己知道"。处于这一阶段的父母不仅能够意识到问题出在何处,而且有方法、有能力去解决问题。

第四阶段:"不知道自己知道"。这一阶段的父母已经熟练掌握了育儿技能,并能自然而然、无意识地应对各种育儿问题。

不少家长都处在第一阶段。下面分别来看这四个阶段。

1. "不知道自己不知道"

大家应该还记得第二章那位优秀母亲在孩子十分优秀的情况下依然给她报班的案例吧,一起回顾一下。

她年轻时因自身能力较为出众,经人介绍进入一家知名国企工作。入职后,其业务能力极强,屡屡获得领导赏识。这样的经历促使她逐渐成长为一位干练且能独当一面的领导。然而,由于自身学历方面的问题,她在一次关键选拔中落选。此事让她深刻意识到证书的重要性,更使她坚信机会总是留给"有准备"的人。这便是她对该事件的理解与感悟。

正因为她对自身这段经历持有这样的解读，所以她对孩子的要求格外严苛。即便孩子成绩不差，她仍带着孩子参加培训班，生怕孩子错失某些重要课程而落后于他人。当然，孩子虽有不情愿，但还算配合。毕竟，每次的配合确实让孩子收获了"成绩"，凭借这样的成绩，在小升初阶段，多所名校纷纷向孩子抛出了橄榄枝。

一路走来，对于孩子的优秀表现，身边的亲戚、朋友以及老师们有目共睹，孩子内心也逐渐建立起了自信，相信自己是优秀的。但令人意想不到的是，到了初二，孩子却中途辍学了。

那么优秀的孩子为何会这样呢？表面上看是因为成绩的原因。在这之前，孩子也沿用了之前成功的经验，家长，包括孩子自己也期待着用原有的经验能获得相应的提升，但这次却没能如她们所愿。

或许并不是因为孩子不够努力，而是遇到的对手太强大；或许是因为孩子没有及时调整学习方法，还沿用小学阶段的学习方法；又或许是因为与同学相处过程中出现矛盾等，这些原因可能是最后引发孩子辍学的导火线。但是具体的火源其实和孩子无关，在妈妈身上，而这位妈妈却对此一无所知，这就是非常典型的"不知道自己不知道"。

这位妈妈过往的工作经历让她对成功有自己独特的解读，

所以她按照自己的认知为孩子安排好了一切，并且在孩子可能遇到问题之前就"及时"给"解决"了。这就等于直接剥夺了孩子自我成长的实践机会，让孩子始终都比较"稚嫩"，一直都处于依赖父母的阶段。

然而，随着孩子慢慢长大，这位妈妈发现自己无法掌控孩子了，青春期的孩子开始追求自我身份的认同，随之而来的是彼此之间的权利争夺和反抗。除此之外，青春期的孩子有强烈的自我探索意识，容易高估自己的能力，同时也容易怀疑自己、否定自己，特别是当他们发现现实与理想之间的差距很大的时候。

这位妈妈基于自己之前的经历来培养孩子，在她的意识中，"成功"只限于学习这一范畴，其他方面并不重要。正是这一错误认知最终导致了孩子辍学。

在辅导这位妈妈的过程中，她坦言自己踩过的坑不希望孩子再经历，所以才会步步为营地帮助孩子避坑。同时，在这位妈妈的意识里，她不懂得自己给予孩子的应该是孩子真正需要的东西。

记得她来寻求帮助的时候，最初目标也是如何让孩子尽快返校。在了解完她的实际困惑之后，我的辅导核心并未落在让孩子尽快返校上，因为我知道这不是关键，关键是帮助妈妈看到自己的意识或错误认知是如何控制自己行为的。

相信读到这里,你也会觉得妈妈这样的控制欲会让孩子很压抑。是的,父母的经验不一定适合孩子,但当自己是局中人的时候,自己很难看到真相。大家或许会问:"妈妈自己知道她的意识吗?"这个问题我想她应该从未思考过,正如一个会开车的人是不会停下来思考"我是否会开车"一样。这才是可怕之处,这也是作为家长需要反观自我的原因。我们需要在反观自我中看到自己的意识,看到自己的错误认知,并一步步完善它们。

每次辅导后的复盘都会再一次让妈妈清楚地看到自己的意识是如何影响行为的,这种反复看到的过程是非常重要的,看到后要与这样的状态相处一段时间,感受当下的感受、背后的焦虑等,而不是逃避。

每当她"看见"自己且陷入内疚的时候,我都会告诉她"如果你在内疚、自责中度过,那么是没有力量去托举孩子的,且这种负面情绪孩子也是能隔空感受到的"。

慢慢地,妈妈便习惯性、有意识地在陪伴孩子的过程中反观自己。每当她觉察到了,就会告诉自己:"原来我又着急了,慢点,再给孩子一点时间""原来我又带着更多的期望来了,慢点,孩子已经在慢慢向前了"……

2."知道自己不知道"

处于这一阶段的父母能够意识到自己出了问题,但不知道具体问题出在哪儿,应该如何去应对,他们有着努力改善的意愿。我们还是先来看一个案例。

曾经有一位来访者,自己是一位教育工作者,她曾因女儿笑笑(化名)与同伴闹矛盾而向我求助。笑笑在小学阶段与小伙伴玩耍时,被对方掐脸蛋欺负。笑笑明确表达了自己对这种行为的厌恶,并多次警告对方,若再如此,便不再与其做朋友。几次警告无效后,笑笑确实没有再与那个小伙伴做朋友了,并选择与其他小伙伴一同疏远那个掐她的孩子。

被疏远的小伙伴后来无奈向自己的妈妈哭诉,希望妈妈能出面解决。那位家长也确实找到了笑笑家,希望笑笑能重新与她的孩子一起玩耍。对方家长离开后,笑笑异常愤怒,她大声抱怨道:"为什么一遇到事就哭?明明是她的错,为什么一哭就能解决问题?"

在情绪发泄时,笑笑并不愿意与妈妈分享她愤怒背后自己遭遇的经历。上述事情的经过,也是事后经过多次开导,孩子才透露出来的。这里的讨论重点不在于孩子为何不说,而在妈妈向我求助的内容上。

当妈妈陈述完经过后,急切想知道问题到底出在哪儿。对此我并未直接回复，而是选择一步步引导，我的第一个问题是："整个过程，你最大的感受是什么？"她思考了一会儿，最后表示她最焦虑的是笑笑异常愤怒的情绪，感觉孩子忍耐度太低了，太没涵养了，担心笑笑以后会成为一个内心狭隘的人。

当时，我并没有急于回应，而是继续提问她是否还有其他感受。过了一会儿，她说他们花了那么多心思在孩子身上，却养育出了一个"没有涵养、极易冲动"的孩子，感到特别挫败。

接着，我继续引导："除了挫败感，对自己此刻有什么评价？"她停顿了一会儿说："我是一个教育工作者，在外人看来，我的孩子应该善良、友好、平和、优秀，真不明白自己怎么会生出这么一个容易暴躁的孩子。"

这正如世俗的眼光一样，认为老师的孩子就应该优秀，医生的孩子就不该生病。这种预期是荒谬的。至此，我们没有再继续深挖，而是花时间停留在这个关键点上。我并没有急于给予任何引导，而是让她与自己的情绪共处了一会儿。之后，我帮她区分事实和预期，让她意识到情绪、观念等对自己的影响。我给她的建议是首先要意识到自己的错误认知，如果再带着这个包袱前行，那么会无形中剥夺自己对孩子这个独立个体的包容和爱，也容易给孩子套上无形的枷锁。

通过我的引导，来访者最终找到了自己的问题所在，在之后与女儿笑笑的相处中,耐心地用爱去感化孩子,孩子也逐渐变得"柔软"了,情绪也不那么"偏激"了。

3. "知道自己知道"

处于这一阶段的父母不仅能够意识到问题出在何处,而且有方法、有能力去解决问题。这让我想到了一个我和儿子的故事。

儿子在小学期间曾经有一次因为调皮捣蛋被学校里的一位老师批评。这位老师还对他说:"你妈妈是做教育的,怎么养出了你这样的孩子?你觉得合适吗?"然而,当时孩子并没有告诉我这件事。

在一次家庭聚餐时,他因为不好好吃饭被家里的长辈唠叨。其中一句话也与之前的批评相似:"你妈妈是做教育的,你要表现得好一些,不然别人会说你妈妈的。"这时,我委婉地回应道:"儿子,你是你,我是我。况且我也不完美,也不可能做到完美。你千万不要因为我的身份而给自己任何包袱和约束。同时,妈妈也不会因为你的优秀而给自己贴金,更不会因为你的不优秀而不爱你。"

当我说完这些话后,孩子才在饭桌上鼓起勇气,告诉我之前老师跟他说过的那些话。

在这个故事中,我清楚地知道问题所在,而且从多个维度帮儿子做了分析,目的是带他探索自己,看到自己的价值、优缺点,而这种认知不随他人评价而波动。

4."不知道自己知道"

这一阶段的父母已经熟练掌握了育儿技能,并能自然而然、无意识地运用它们应对各种育儿问题。

从第三个阶段迈向第四个阶段,是一个颇为艰难的过程,家长只有通过日积月累、不断实践才能在养育孩子的过程中自然而然地运用相关技能。

在本章开头我曾提及,在现实生活里,很多家长都处于第一阶段,大家很少或从未想过,实际上是自身的意识在潜移默化中对孩子的行为产生了影响。即便是专业人士,也难以摆脱自我对自身意识的禁锢;即便知晓自己的意识对孩子的影响,在实际面对时,逃避心理也依然存在。所以,从第二阶段过渡到第三阶段,是需要鼓足勇气的,每次遇到相关情况时不要退缩,积极地与自己现有的意识共处,如此才有可能逐步从第二阶段迈入第三阶段。至于第四阶段,大家无须刻意去追求何时能够达成。我的建议是,先将这本书分享的切实可行的方法运用起来。

了解了自我意识发展的四个阶段,那么如何才能让自我意识得到发展,从而更好地引领孩子成长呢?这就需要不断反观自我。

## 第二节 反观自我的三大作用

人无完人,当然,也没有完美的家长。我们都是不完美的父母,这一认知并非意在传达泄气、无助、逃避或放任自流的态度,而在于警醒我们,身为父母,要努力反观自我,发现自身问题,以积极、正面的心态去应对育儿旅程中的种种挑战。唯有我们真正接纳自己作为不完美父母的角色,并且怀揣着与孩子共同成长的决心,我们才可能成为孩子的榜样,向他们展示如何超越自我;唯有如此,我们才能够拥有足够的力量去引导孩子,帮助他们不断战胜自我,茁壮成长。

具体来讲,家长在育儿过程中反观自我有三大作用。

1. 反观自我让家长看到不完美的自己

我一直都在强调,没有完美的家长,也不要试图去做完美的家长。在日常生活中,家长要有意识地对自我进行反观,这样可以觉察到自己不完美的地方,进而通过学习不断收获成长和进步。

科学积极的意识是解决问题的基础 第三章

一次,我的老师跟我谈起了自己刚当老师那会儿的一段经历。

她告诉我,她刚当老师那会儿,跟其他很多新任教师一样,都希望孩子们能喜欢自己,虽然理论知识学了不少,也实践过,但进入真实课堂时,心里还是有些担心、顾虑,担心自己控制不好课堂纪律,担心自己讲的内容学生听不明白……

正式上课后,前面几节课还好,当学生慢慢"摸清"老师的脾气后,逐渐躁动起来,说话声音也越来越大,面对这样的情况,没有任何工作经验的老师既生气又害怕起来,自己也一次次调高音量,最后变成了训斥:"安静,你们都给我坐好了!"而当学生安静下来后,她的心情又开始变得非常糟糕,因为她觉得不该训斥学生,应该多沟通,这使得她内心有些许内疚。

那么接下来,你们猜她会如何做?

她重新回到了非常友善的状态,对学生们变得温柔起来。然而,好景不长,孩子们又开始窃窃私语,声音逐渐变大。与此同时,老师的心中又开始涌现出一丝害怕与担忧,随后,她又回归到了之前那种紧张的状态……

老师在反观自我的过程中看到了自己的不足之处,她形容那时候的自己就像在跳舞,踮起双脚,一会儿轻盈地踏在平和正常的象限,一会儿又沉重地踩入了暴躁情绪化的象限。正因为每天都在这样"跳舞",她才会感到精疲力竭。

其实,在日常生活中,很多父母也都在跳这支舞。遇到与孩子有冲突的问题时,家长与孩子之间有形或无形的较量如果没被控制好,便可能吞噬掉亲子之间的爱。就这样,一会儿家长处于平和状态,享受着亲子间的温馨;一会儿可能又会陷入无限的焦虑、自责和后悔之中……在这个过程中,家长看到了自己的不足,认识到了自己的不完美。

自我反观在帮助家长洞察自己的情绪、观念等意识的同时,也在一定程度上让家长认识到了这些意识与自身行为之间的关联。这个过程可以促使自己不断修正自我,学会从不同角度审视问题,进而在充分理解他人的基础上理性地解决问题。同样,反观自我也会削弱父母对"权威"的过度执着,使父母能够更清晰地看到自己在育儿过程中那些不恰当、无效的行为。

2. 反观自我帮助家长以恰当的方式做真实的自己

育儿过程艰辛复杂,在这种情况下,家长更应该多反观自我,清晰地看清自身情绪与行为模式之间的关系,在疲惫或压力下避免将负面情绪无端发泄于孩子,以恰当的方式呈现真实的自我,增进亲子间的相互理解,维护亲子关系的和谐稳定。

一位妈妈有段时间工作非常忙碌,虽然每天都能按时回家,但因工作强度大,到家就已经非常疲惫了。

有一天晚上,小学三年级的儿子洗完澡后在床上跟妈妈聊天,突然问:"妈妈,你今天是不是心情不好?"她惊讶地反问孩子为什么会有这样的感觉。孩子说:"今天你进门没有拥抱我,说话的语气也不太对,一直都大声说'你要干这个、干那个',一点都不温柔了。"

这位妈妈突然想起,在孩子写作业的时候,她确实有些情绪,音调也比平时高了几度。她坐在孩子旁边,突然孩子起来抱住了她,把他的小脸蹭在妈妈的肩膀上,双手搂着她的腰,使劲地拥抱。那个时候,这位妈妈还有些嫌他烦人,就坐在那边被动地被拥抱。估计孩子感受到了她的"冷漠",便告诉她要双手拥抱他,一边说,一边把妈妈的手放到了自己腰上,妈妈也都照做了,但孩子却说她好敷衍。然后,孩子就告诉妈妈,必须用力、使劲地抱着他,要让他感觉到妈妈的温暖。孩子平时不开心的时候,这位妈妈都会给他大大的拥抱,就像孩子刚才要求妈妈的那样。

直到这个时候,妈妈才意识到原来自己平时所做的一切孩子都看在眼里,也学习了。此时,孩子在用平常妈妈对待自己的方式回馈妈妈。这位妈妈内心不禁感叹:"真没想到孩子有如此强的感知能力,连我平时拥抱他的力度也能模仿出来,孩子希望通过拥抱让我感受好一些。"

在这件非常小的事情中,妈妈进行了自我反观,她深刻地体会到,其实在孩子面前没有必要掩盖自己的负面情绪,很多时候即便掩盖,孩子也是能感受到的,与其这样,倒不如用恰当的方式真实地呈现自己的情绪和状态,让孩子明白,大人也是人,也有心情不好的时候。当然,在表达完真实情绪后,更重要的是以积极的态度和科学合理的方式去解决问题,为孩子树立榜样,助力孩子成长。

研究表明,孩子从出生开始就对父母的情绪、语言和行为高度敏感。他们通过观察父母的反应来学习理解自己的感受和周围的世界。心理学家约翰·鲍比的依恋理论指出,儿童与其照顾者之间的安全依恋关系是通过一致、敏感和可预测的反应建立的,这包括父母对自己情绪的真实表达和适当管理。而父母进行自我反思刚好可以帮助我们实现这一点。

3. 家长反观"做自己"的过程,也是孩子成长的过程

当父母选择以真实且适当的方式表达自己的情绪时,便为孩子营造了一个安全、真实的情感环境。这样的环境不仅有助于培养孩子的同理心,使他们能够理解并共情父母和他人的感受,而且还能教会他们识别、表达和管理自己的情绪。这种情感的开放性和真实性能够加深亲子之间的信任感,鼓励孩子在面对困难或不确定的情况时,也能勇敢地向父母敞开心扉,表达自己的真实感受。而同理心作为社会交往中极为重要的一项能力,它能够帮助孩子在未来建立起健康的人际关系,提升社交能

力,对孩子的成长至关重要。

总而言之,对自我意识进行反观,这一过程能够使自己察觉到作为父母有待改进的诸多方面。而正是由于接纳了自身的不完美,才会萌生培养自我觉察意识的动力,这是一个相辅相成的过程。丹尼尔·戈尔曼在《情商》一书中有所体现,着重指出了自我意识于情绪智力发展的关键意义。戈尔曼的理论佐证了此过程的相互促进性——借助强化自我意识与同理心,父母不但能够更妥善地理解与管控自身情绪,而且能与孩子构建起深层次的情感联结。

建立自我反观意识的过程,能让各类父母明确自身独特的可提升空间的具体细节,同时有助于培养同理心。这份同理心可增添对自身的理解与包容,进而有底气展现真实的自我,而非佯装强大。当父母摒弃权威姿态,懂得表露自身情绪情感,展现真实一面时,孩子也会学习如何表达情感,在体会情感之际领悟其与自身行为的关联,从而学会对行为进行抉择并为之负责。持续以这样的意识反躬自省,孩子也会受到潜移默化的影响,自然而然地对他人多一分理解与包容。

所以,培养自我反观的习惯,受益的不仅是家长,孩子同样会从中受益,最终助力我们达成理想的亲子关系,而良好的亲子关系是解决一切育儿问题的基础。

## 第三节　如何对自我意识进行反观

对自我意识进行反观,是认识自我的重要环节,对一个人的成长至关重要。认识自我是一个贯穿一生的课题,然而,并非每个人都能深刻洞察自己的内心世界,我同样也在这条探索之路上摸索前行。

当前市场上涌现出众多关于自我探索的课程,它们形式多样,包括心理学课程、冥想训练、正念转化练习等。尽管这些课程在形式和内容上有所不同,但其核心目的都在于引导我们关注自己的感受与观念,并深入觉察这些内在意识是如何塑造和影响我们的行为的。

认识自我需要持之以恒的努力。每天都应该尽可能地抽出一些时间来反观自己,回顾和反思自己当天的行为,以及这些行为背后隐藏的感受、观念、预期和假设等。通过这样的自我复盘,可以更加清晰地认识自己,理解自己的内在动机和行为模式，从而为实现个人成长和进步奠定坚实的基础。

　　自我意识的发展与培养确实无法通过一个简短的章节来全面概述，它是一个错综复杂且系统性的过程。在第一节内容中，我尝试将其概括为四个阶段，在实际中，完成这四个阶段中的每个阶段所需的时间可能都是因人而异的，有的人需要的时间短，有的人需要的时间长，但无论如何，都不影响在日常生活中从一小步开始，同时，也千万不要小看这一小步，因为每天坚持不懈地迈出这一小步，足以让我们逐渐获得对自己的全新认识。

　　那么如何迈出这一小步呢？可以分为以下三个步骤：

　　第一步：探索行为或情绪背后隐藏的意识。

　　我经常刻意进行自我觉察，每当情绪稍有波动，我都会提醒自己"暂停"，并深入探究波动背后的原因。当天，我通常会抽出时间独处，深入挖掘那些隐藏在行为或情绪背后较深的意识。

　　我会向自己提出问题，并将这些问题记录下来，例如：我为何会有情绪波动？是因为自己还是对方的行为？背后隐藏着什么？它对我的需求或价值观有何影响？

　　这样的剖析过程既可能带来惊喜，也可能引发沮丧。认识自己最重要的一环就是"看见"，因此，即使面对沮丧的部分，我也会选择接纳。当发现自己不好的一面时，我会告诉自己，这只是我的一个想法，我不会因为自己的不完美或他人的否定而贬低自己，也不会因为被称赞或表现出色而过分抬高自己。在这个过程中，我尝试看见自己的全貌，包括优点和缺点，因为只有真正看见，才有可能进一步修正。

在陪伴孩子的过程中，很多时候遇到问题，可能只停留在自我的负面情绪上，而看不到问题的根源。比如之所以在某件事情发生后对孩子表示不满，也许并非因为他们没有做好，而是觉得自己的权威受到了挑战，从而做出了相应的反应——"我"变得不开心，"我"意识到自己的权威被挑战了，"我"认为家长的权威至关重要，不喜欢被挑战的感觉，觉得自己不被尊重了。长期停留在自我情绪中是解决不了孩子的成长问题的，家长需要看见自己的情绪等意识，接纳它、越过它，更加理性地去面对问题、解决问题，使自我意识得到不断发展，自己也不断得到成长。

第二步：思考这一意识的意义或价值。

还是以自己的权威被挑战这一例子来说，当家长探究到了自我意识集中在自己的权威被挑战时，接下来又该如何做呢？那就是继续思考这一意识的意义和价值。

怎样才算是自己的权威被挑战？这件事情中，孩子的行为真的挑战到家长的权威了吗？作为家长的地位真的被撼动了吗？如果是，那么它对家长的个人价值来说意味着什么？对于亲子关系又有什么影响……

## 第三章　科学积极的意识是解决问题的基础

这一系列问题促使我们进一步思考,最终得到答案:在育儿过程中,家长权威有着独特且不可忽视的作用,但需合理看待。家长适度使用权威能够为孩子树立明确的行为准则和边界,让孩子在成长过程中清楚地知道何事可为、何事不可为,从而培养他们的规则意识和自律能力。然而,家长权威绝不能过度滥用,否则可能会压抑孩子的个性发展,阻碍孩子自主探索和独立思考能力的形成。

如果家长不懂得反观自我,盲目陷入"权威"的泥潭,滥用权威处理孩子成长中出现的问题,后果可想而知。

第三步:转念。

知道了问题的严重性,接下来进入"转念"阶段。这一阶段,家长彻底放下了"权威"的情绪影响,转而把注意力放在了孩子的成长上。

这是一个理性战胜感性、成长型思维战胜固定型思维的过程。这个过程在提升家长的同时,也给予了孩子更广阔的成长空间,让家长多一分理解,多一分等待,多一分共情……而这些都是孩子成长不可或缺的养分。

日常生活中,人的很多焦虑都来源于固定型思维,比如用当前的能力去评估未来的状态,忽略了孩子的能力是可以提升的。同时还有些焦虑源于与他人的对比,比如我们会因为与比我们优秀的人对比而感到能力不足、自卑，或因为对标不如我们的人而获得优越感。然而，如果在日常生活中我们能够拥有正向的转变，将固定型思维转变为成长型思维，把通过与他人对比获得的自我评价转换成基于自身现实状态的客观评估，那么我想，我们的焦虑会随之减少，有效行为也会相应增加，从而更容易走进孩子内心。

培养自我反观意识并非为了培养而培养，而是为了让我们在养育孩子的过程中能够洞察自己行为背后的意识，并主动进行自我调整。这样的点滴觉察和行动足以让我们在养育孩子时多一分淡定，少一分焦虑，在同理和尊重孩子的基础上助力孩子更好地成长。

# 第四章

# 家长不可或缺的四大育儿核心技能

前面已经了解了什么是育儿、家长的育儿问题,以及解决这些问题的基础,从这一章开始,着手解决问题的具体方法,给大家分享四个核心育儿技能。

在介绍四大落地技能之前,先来共同了解一下,什么是技能?其实,技能通常指日常经过反复训练形成的动作,是一种工具或方法,用于达到某种效果或实现某个目标。技能本身并非目标,而是为实现某个目标而存在的。因此,不能仅仅为了掌握某种技能而训练,教育亦是如此。就教育而言,掌握相关技能的最终目的是实现育儿目标。

初步了解技能后,再来思考一个问题:这四大育儿技能的受益者究竟是谁?乍一看,似乎是父母在使用这些技能,孩子在受益。然而,这种认识其实并不全面。当你将这些技能运用在孩子身上时,其实是在引导孩子去思考、去探索,去总结、去发现,从而赋予孩子更多的自我空间。当你带着尊重和信任与孩子一同实践时，你会发现，这不仅是一个授之以渔的过程，更是一个亲子共同成长的过程。在这个过程中，双方其实都在受益。

教育是一个系统化工程，解决教育问题时，各种教育技能和模型是相互依赖、相互赋能的。为了便于大家更好地掌握这些技能，我尝试从单个教育技能入手进行分享。在分享的过程中，自然会涉及其他相关技能，这样大家也能真实地感受到教育的系统性。同时，我也希望借此让大家明白，教育不能急于求成，"以慢为快"才是解决教育问题的有效策略！

## 第一节　掌控情绪力——营造和谐家庭氛围的艺术

为什么先讲情绪力呢？因为拥有再多的育儿技能，如果父母的情绪不稳定，技能发挥的作用都会大打折扣。

提升管理情绪的能力

那么如何提升管理情绪的能力呢？以下三点大家可以试一下。

首先，要训练自己捕捉情绪的能力。

在实际生活中，大多数时候人们陷入情绪的那一刻自己是没有觉察的，所以要训练捕捉情绪的能力。觉得自己情绪有波动的时候，我建议大家对自己说"停"或"等一等"，这样的自我对话非常有帮助。这是一个需要每天都去刻意练习的动作。同时，也可以用深呼吸（一般可以深呼吸三次）来调整节奏，这样做可以帮助自己对情绪进行觉察。只有当自己捕捉到自己的情绪，并努力冷静下来，才有机会去思考，而这一步也是很多家长在处理棘手问题时容易忽略掉的。

其次，探索情绪爆发的原因。

当我们捕捉到情绪，并冷静下来后，可以进一步追问自己："到底我是因为什么而不开心了？是因为孩子讲话声音大了让我不开心，还是因为孩子不按照我说的做而不开心，抑或是因为自己的权威被挑战了不开心……"我们需要不断训练自己捕捉情绪的能力，并且在自己冷静下来，大脑进入理性思考后，与自己进行深入对话，努力找出情绪爆发的原因。

最后，破解情绪，理性解决问题。

接下来的动作是准备跟孩子争吵、战斗，还是理性面对问题？当家长成功破解了情绪，找到了问题的根源，接下来便是以冷静和理智的态度去面对和解决问题。

如果是自身问题，那要努力寻求改变，使自己更加完善；如果是孩子的问题，那么我们可以尝试换位思考，理解孩子的立场和感受，用平和的语气与他们沟通，共同寻找解决方案。在这个过程中，父母不仅要关注问题的解决，更要注重情感的交流，让孩子感受到父母的爱。只有这样，才能在破解情绪的同时，建立起更加和谐、亲密的亲子关系，进而更好地面对生活中的挑战和困难。

我曾经带着学员们开展了多期情绪打卡营活动,要求他们每天依据上面三点核心内容进行打卡。从过往的打卡反馈来看,学员们普遍反映收获颇丰,不仅提升了自己的情绪管理能力,还改善了与孩子的亲子关系。你也可以参照这三点建议,结合日常生活中的实际情况,展开日常的情绪管理练习。

在仔细查看学员们的打卡内容时,我留意到许多学员在"破解情绪,理性解决问题"这一关键环节上理解不清晰,甚至出现了一些偏差。为了帮助大家更好地理解和应用这一环节,下面是一系列实用的"建议",这些"建议"在学员们试用后反馈效果不错,下面我将这些宝贵的经验分享给大家。

### "破解情绪,理性解决问题"这一环节的十条建议

建议一:确保情绪恢复正常后,引发情绪的问题也一并得到解决。

在处理完情绪后,家长需要确保引发情绪的问题也得到妥善解决。许多家长在与孩子闹矛盾后,虽然双方能够冷静下来并互相道歉、拥抱,但问题往往被搁置一旁,没有得到彻底解决。因此,在处理完情绪后,家长还需要另找时间,和孩子一起把事情彻底解决,以免问题反复出现,影响亲子关系。

建议二:解决一个问题的同时,避免滋生新的问题。

在解决问题的过程中,家长需要警惕新问题的滋生。比如,当孩子哭闹时,为了让他安静下来,家长可能会直接给孩子买他一直想要的玩具。然而,这样做可能会让孩子学会用哭闹来要挟家长满足他的欲望,从而滋生新的问题。因此,在解决问题时,需要考虑周全,避免产生新的问题。

建议三:一个问题往往存在三种以上解决方案。

面对一个问题时,不要局限于一种解决方案,而是应该尝试从多个角度思考,寻找更多可能性。比如天凉时,妈妈想让孩子穿长裤出门,但孩子却执意要穿短裤。这时,家长可以把按时到校作为目标,让孩子先穿着短裤出门,同时带上长裤备用。这样既能满足孩子的需求,又能确保他不会因为穿短裤而着凉。

建议四:接纳自身情绪,勇敢向孩子(及亲人)袒露当下需要处理情绪、调整状态。

当自己感到疲惫、烦躁或焦虑时,不要强打精神迎合孩子或亲人的需求。相反,应该勇敢地表达自己的情绪,并告诉孩子(或亲人)我们需要处理情绪、调整状态。这样做既能教会孩子如何应对情绪,还能让他们理解我们的难处,在增进理解的基础上更好地解决问题。

建议五：专注自身课题，勿过度操心他人之事。

在生活中，需要明确区分自己、他人和外界因素的责任范围。对于自己的课题，要全力以赴去做好；对于他人的课题，要尊重他们的选择和决定；对于外界因素，要保持平和的心态去面对。这样既能减少内耗和焦虑，又能提升自身的幸福感和满足感。

建议六：家，重在合作，有需求应直白、具象地表达。

在家庭中，需要注重合作。当你有需求时，应该直白、具象地表达出来，而不是让对方去猜测或揣摩你的心思。这样做既能避免无谓的误解和争吵，还能增进彼此之间的理解和信任。

建议七：对外界要求给予评估，结合孩子的真实能力给予指导。

在面对外界对孩子的要求时，家长需要考虑这些要求是否契合孩子的真实能力。比如，布置孩子做手工或PPT展示任务时，家长需要评估这些任务是否适合孩子的年龄和能力水平。如果任务过难或超出孩子的能力范围，需要给予适当的帮助和指导；如果任务过于简单或缺乏挑战性，需要鼓励孩子尝试更多新的学习和探索。

建议八：让孩子承担自然后果，而非家长代劳。

当孩子不写作业或有其他不良行为时，家长需要让他们承担自然后果，而不是由家长代为承担后果。比如，如果孩子不写作业导致第二天被老师批评或扣分，他们需要自己承担这个后果并从中吸取教训。这样做既能让孩子学会对自己的行为负责，还能培养他们的自律和责任感。

建议九：立规矩而非迁就孩子的不良行为。

对于孩子的不良行为，家长需要明确设立规矩和界限，并坚决执行。比如如果在家中明确规定不能洒水玩耍，那么当孩子违反规定时，家长需要及时制止并给予适当的惩罚，而不是迁就或纵容他们的行为。这样做既能维护家庭的秩序和规则，还能培养孩子的纪律性和自我控制能力。

建议十：勿混淆目标与路径。

在引导孩子爱上学习的过程中，家长需要明确目标，并不断探索有效的方法来实现这个目标。比如目标是让孩子爱上学习，而不是让他们通过某种特定的方法或手段来取得好成绩。如果孩子对某种学习方法不感兴趣或这一学习方法效果不佳，需要及时调整策略并尝试其他方法，而不是轻易放弃目标或对孩子失去信心。记住目标是要达到的结果，而路径则是实现目标的手段和方法。

有人说，在育儿路上最大的挑战就是无法妥善管理自己的情绪。然而，一旦情绪得到控制，又该如何处理具体事务呢？这也是许多妈妈们面临的难题。上述内容是我从情绪打卡营中整理出来的一些经验和做法。这十条建议或许不能解决所有问题,但它们具有一定的代表性。当大家遇到问题时,可以参考这些建议,它们或许能为你带来一些启发。

## 第二节 塑造规则力——构建家庭秩序的基石

一谈到规则，或许一部分父母会内心窃喜，因为从某种程度来说，父母认为规则能约束孩子。但实际上，不少家长会发现，很多时候给孩子制定的规则根本不起作用或作用很小，要不就是最多坚持一两天，要不就是因为孩子耍赖不认，要不就是一边坚持一边又在越界，然后这件事就不了了之了。

在构思这一章节时，我毫不犹豫地把"规则力"放在了前面位置，因为我认为它非常重要，它是家长跟孩子共同成长过程中，帮助彼此相互合作、了解真实需求、建立家庭和谐运转机制的有效途径。

你有没有发现，在日常生活中，当谈到规则时，大家往往比较容易把焦点落到规则的具体内容上，比如约定孩子能做什么，不能做什么，什么时间做什么，做到什么程度等，反而没有多思考为什么要制定规则，初心是什么。要知道，定规则的初心才是有效实施规则的基础。

## 为什么要定规则

在育儿过程中，明确为什么制定规则是规则力能否生效的基础。不少家长认为定规则是为规范孩子行为，帮他们养成好习惯，这理由看似合理，然而实际效果却未必尽如人意。孩子们感受力很强，他们能够察觉家长的真实意图，是真心助力他们成长，还是借"权威"束缚他们，迫使他们按家长"自以为好"的方式行事，他们都能觉察到。

事实上，规则绝非父母彰显权威的工具，其核心意义在于，在与孩子共同制定、执行规则的过程中，助力家长看清问题本质，协助孩子塑造价值感与归属感，使孩子获得更多控制感，进而变得更加自律。在此过程中，父母也能在孩子面前树立权威，成为受孩子尊重、信服的引路人。这才是制定规则时应秉持的初心。

在日常生活中，不少人可能误以为孩子根本不需要、也不希望有规则，感觉他们会被规则束缚，实则不然。通过与诸多孩子交流发现，孩子内心实则比大人更渴望有规则，因为科学的规则能为他们提供可预测性与结构，增添安全感。玛格丽特·B.斯宾塞在其研究中就强调了结构和规则在给予儿童安全感方面的重要性,指出这有助于他们的社会适应和心理健康。这就如同在家里,犯错就打的惩罚看似见效快,虽然并不推崇这种育儿方式,但相较于讲道理的家庭,被打的孩子更早知晓父母底线,清楚自己触碰哪个点会受到"打"的惩罚。反观讲道理的父母,常常会感觉孩子在不断挑战自己的底线,实则孩子只是在变着花样试探底线与边界,简单来说,就是想知道自己做什么会引发何种反应。这表明孩子内心对规则存在潜在需求,期望借助规则明晰行为边界。

### 什么样的规则才是有效规则

什么样的规则才算有效呢?有效的规则应能助力父母与孩子洞悉彼此的真实需求,赋予孩子掌控感,鼓励亲子携手合作实践,引导孩子勇敢直面问题,进而帮孩子建立自信与自律。需要注意的是,有效的规则必定建立在孩子愿意与父母探讨的基础之上,这样才能让孩子切实获得控制感。正如简·尼尔森在《正面管教》中着重指出的,好的规则绝非仅为维持秩序,更是一种教育工具,可以帮助孩子理解社会期望与行为后果。

要想规则有效,家长就不能带着批评、指责的态度去跟孩子约定,不能带着既定的答案去说服孩子,更不能迫使孩子服从,而应该通过沟通让孩子明白,父母和自己始终处于一条战线,都是为了解决问题,规则能够针对人性弱点或自己的缺点进行有效约束,进而切实解决遇到的问题。

当孩子对规则有了正确认知后,家长就可以就已出现或可能出现的问题,找寻一个让彼此舒适的"平衡点",在此基础上制定规则,这样制定的规则才会相对有效。为便于理解,来看一个案例。

有位学员,是一位六岁孩子的妈妈,她与孩子约定了每天看电视的时长。然而,每次看电视时间一到,孩子总要多看十分钟,为此双方屡屡争执,次数多了,这位妈妈几近崩溃,向我求助,甚至质疑规则对约束孩子行为的作用。

想必这样的场景在许多家庭都有发生。首先,必须认清,这类争执会让双方都不愉快。倘若此时将焦点局限于能否多看十分钟,那最终结果要么是孩子在"权威"下妥协,要么是家长拗不过孩子而放弃,要么就是双方僵持不下。

经复盘发现,这规则尚未执行便已失效,因为孩子觉得妈妈定的看电视时长太短,对这一规则自己并不认可,妈妈是凭借自身权威强行让孩子点头的,如此制定的规则,执行时孩子自然不愿遵守。而且这位妈妈制定规则的初衷并非真心想让孩子快乐地看电视,而是盼着孩子快点看完去学习。

这位妈妈该如何应对？当家长在与孩子相处中遭遇此类情况时，首先要复盘规则是否有效，其实我们不必当下就与孩子起争执，而要找准时机，针对看电视一事重新拟定规则，同时告知孩子，这"十分钟"的分歧让彼此心里都不好受，在此基础上表达希望共同解决问题的意愿，这凸显的是为了双方考量，而非仅从家长角度出发考虑问题。

此外，要让孩子知晓此次交流并无预设答案，让他们明白自己的建议格外重要，这彰显的是家长不会动用权威去"说服"孩子。

即便依照有效规则的要求与孩子拟定了规则，执行过程中仍可能出现前文的问题，此时家长千万别仗着权威说教，反倒要鼓励孩子多分享真实感受与需求，家长也要袒露自己的担忧，这样双方才更易携手共克难题，这强调了解决问题需要共同协作这一关键原则。

孩子的意愿度与控制感紧密相连，正如瑞安·尼米和爱德华·迪西在自我决定理论中所述，人们在感觉自身行为是自我选择、自我驱动时，会更积极地参与并坚持这些行为。所以，想要孩子更好地执行既定规则，给予他们一定的掌控感至关重要。这对父母制定规则的出发点是个极大考验，唯有全然信任、尊重孩子，父母才不会利用权威迫使孩子接受特定目的，忽略双方共同探索规则的过程以及亲子合作的重要性。

秉持制定有效规则的初心,若执行规则时再出现孩子想多看十分钟电视的情况,家长就不会只是与孩子争论该不该多看,而是能捕捉到双方共同的困难点,更容易跳出非此即彼(如多十分钟还是少十分钟)的思维定式,对孩子背后的真实需求更感兴趣。这样思考,便能突破二元选择,探寻更多可能的解决方案。

比如后来给那位学员的建议是:让孩子依据自身实际状况调整娱乐时间,同时,妈妈帮孩子分解课业任务,先完成容易的,之后奖励孩子看会儿电视,看完再继续学习。

其实具体方案并无绝对正误之分,关键在于家长与孩子能透过所谓的问题洞察真实挑战,家长助力孩子拆解挑战,基于此方案再做调整,最终陪伴孩子战胜挑战,过程中适时给予鼓励。

在陪伴孩子成长过程中,家长需要时刻铭记定规则的初心——不是为了掌控孩子,而是让孩子在实践中树立自信与勇气,拥有控制力。

在家庭中可以通过与孩子平等沟通来解决问题,并将这种沟通决策方式常态化,以此构建稳定和谐的相处模式。

**如何科学制定规则**

制定规则时绝不能草草了事,它是一个科学严谨的过程,可以总结为四个步骤：

第一步：彼此表达诉求，明确问题；

第二步：沟通确定具体规则；

第三步：执行规则；

第四步：调整优化。

下面我们详细看每一个步骤。

第一步：彼此表达诉求，明确问题。

这一步对于孩子的成长意义重大，它为孩子提供了充分表达自身需求的机会，同时，孩子也能够了解父母的想法和出发点，从而明白眼前这件事对彼此的重要性。在双方互相诉说诉求的过程中，孩子能够真切地感受到，自己和父母是在共同探索一个适宜彼此的解决方案，来应对双方共同面临的问题。这一过程能够让孩子深切地感受到家长对其想法的尊重，并且让孩子清楚地意识到，家长是抱着真心聆听的态度，而不是带着预先设定好的结果来对他们进行说服。

继续用前面"十分钟"案例来说明，面对孩子打破规则的行为，家长可以这样跟孩子沟通："十分钟这一规则确实给你和妈妈都造成了困扰。对于你来说，你会时刻留意妈妈是否觉察到看电视已超时，进而无法全身心地沉浸于当下的节目中；对于妈妈来说，则担心多看电视会对你的成绩产生不良影响，同时也会考虑你的眼睛健康等问题。基于这些情况,我觉得咱俩有必要好好沟通一下,看如何解决这个问题,你觉得呢?"

这样站在孩子角度考虑问题,相信孩子也会更真实地表达自身需求,在此基础上确定的规则才更具有效性。

第二步:沟通确定具体规则。

当孩子愿意坐下来与父母交流时,父母首先要肯定孩子愿意解决问题的积极态度。接着,可以再次强调,这样的交流并非带着预设的目标或答案而来,而是真心希望能够倾听他们的真实想法,并基于这些想法,寻找一个双方都能接受的平衡点来解决问题。

在沟通确定具体规则时,家长务必认真聆听,聆听孩子的困惑与目标,进而共同制订行动计划。在此过程中,可能会出现双方对彼此的建议不满意的情况。当陷入"A方案不行,B方案也不行"的困境时,实际上可以启动C计划,运用第三法则。

就我自己和孩子制定规则的经验而言,孩子起初往往会表现得漫不经心,而后通过我们逐步还原日常出现困难的情景,孩子便会发现问题的关键所在,进而意识到自己是需要严肃认真地对待这些问题的。

还是回到上面的"十分钟"案例。如果孩子纯粹是因为电视能给自己带来快乐而不愿意停下来,家长首先要接纳他的这个想法,接着聆听他的建议,问他针对这样的问题能迈出的第一步是什么,而家长要做的就是支持他们迈出这一步。

当然,这一步并不是盲目支持的,家长也需要考虑未来可能遇到的挑战,让孩子思考如何应对这些挑战,甚至两人可以模拟相关场景。例如,这位学员的孩子提议:"妈妈,你在快结束的时候提前提醒我一下,这样我就会及时关掉电视。"学员"质疑"道:"之前妈妈也这样做过,可当时的你发了很大的脾气,那么请你告诉我,如果下次还是这样,我应该如何回应你才好呢?是不管不顾地走过去直接关掉,还是等你发完脾气,又或者其他办法呢?"

通过这样的沟通可以让孩子明白挑战是存在的,并非随便想出一个方案就行。这个时候,家长可以多等待一会儿,给孩子留出一些思考的时间。无论他们选择哪种方式,总归要让孩子清楚,自己提议的、自己承诺的不能随意更改。作为父母,更要尊重他们的想法,不随意破坏他们自己制定的规则。

第三步:执行规则。

在执行规则期间,家长更多地应做好观察和记录工作。以实战经验来看,刚开始执行时,家长一定要降低预期,切不可做"症状解"式的父母。所谓"症状解"式的父母,是指一旦出现问题就急于解决,却忽略了孩子身上的这些问题并非一朝一夕形成的。这类父母宁可花费时间批评孩子未遵循既定规则，也不愿花时间观察孩子在执行规则过程中的实际表现。

在执行阶段，家长要留意孩子究竟因何而爆发不满情绪，这个爆发点背后所代表的深层原因是什么？而这些具体因素才是隐藏在背后的实质性问题。将这些具体情况现场记录下来，然后与孩子一起复盘，再次调整行动计划，陪伴孩子逐步克服困难、解决问题，这才是关键所在。

例如，家长与孩子约定初步方案试行期为一个星期，那么在这一星期内，父母就要做好观察与记录。无论在此过程中家长有多不满意，即便觉得规则不公平或不合理，也不要在当下就更改内容，而是等待一周后的复盘。

第四步：调整优化。

经过一段时间的执行，可能会出现一些问题，这些问题可以通过复盘来进行调整优化。

需要注意的是，当孩子不能按照规定来执行的时候，父母首先要在行为上于当下陪伴孩子，给予拥抱，以此表示父母理解他的难处和此刻的痛苦，让孩子知道他的感受被父母接纳。同时，父母既要共情孩子，也要坚守原则，尊重规则，让孩子明白他所制定的规则是被尊重的、有用的，并且他的想法是被聆听的。待孩子宣泄完情绪、恢复平静后，再与孩子一起分析解决问题。

家长可以和孩子一起复盘,在复盘过程中,结合执行阶段做的记录,把观察到的现象告知孩子,要注意只是陈述所看到的现象,切勿轻易掺杂自己的感受和评价。在此基础上与孩子进行沟通,共同探讨问题究竟出在哪里。

　　如果是毅力方面的问题,那就坚守规则,坚定信念,鼓励孩子坚持下去;如果规则本身存在问题,那就和孩子再次进行微调,使其合理。

　　孩子的成长离不开规则,合理适度的规则使孩子的成长方向更加明确、积极,而和孩子一起制定规则的过程,不仅发挥了孩子的主观能动性,培养了其解决问题的能力,而且拉近了亲子关系,对孩子的成长益处多多。

## 第三节　提问的力量——有效提问帮助孩子成长

开始讲解之前，先来思考一个问题：所有的提问在教育环境中都是有效的吗？为了回答这个问题，先来看一个真实的案例。

两个年纪相仿的小学生单独出门，一个想吃麦当劳，一个想吃肯德基，最后吃麦当劳的孩子妥协了，不情愿地陪另一个孩子吃了肯德基。回到家后，妥协的孩子向妈妈表达了不开心，妈妈听后也很失落，因为这种情况已不是第一次发生。妈妈认为这是孩子不敢表达自己内心想法的表现，同时觉得孩子总是妥协，显得懦弱，于是与孩子展开了对话。

在对话中，妈妈不断追问孩子为何不表达自己的意愿，而孩子则回应自己已经表达了，但对方不听，并表示自己的表达已经不重要了。随着妈妈语调的升高，孩子选择了沉默，而妈妈则陷入了愤怒和唠叨。

这样的场景是否熟悉？这是妈妈和五年级孩子的对话。父母需要思考的是，是什么因素束缚了孩子的表达？当孩子向父母表达不开心或遇到困难时，父母很容易一连串地追问"为什么"，或者给出建议，但这样做有时会让孩子感到自己的不足，甚至更加伤心。

现在，来看这个故事的第二个版本，背景相同，但对话内容有所不同。

妈妈首先感谢孩子告诉她内心的不开心，然后询问具体原因。孩子回答自己又陪另一个孩子吃了肯德基，不喜欢这种方式，但又无法改变。妈妈接着询问孩子是否希望改变这种局面，孩子表示同意。妈妈提出可以一起思考如何改变，并给孩子时间思考，之后再一起交流沟通，想办法解决。

通过对比两个版本妈妈的处理方式，可以感受到提问的力量。有效提问在育儿中具有重要作用。

首先，提问可以帮助父母聆听孩子真正的需求，是"由内向外"的沟通方式，而不是"填鸭"式教育。只有了解孩子内心的想法和感受，才能与他们建立真正的沟通，帮助他们成长。

其次，有效提问可以启发孩子思考，培养孩子的思考能力。在教育孩子的过程中，父母应该思考如何提问才能带动孩子去思考，让他们有更多的自主能动性，想办法解决问题。通过有效提问训练出来的孩子,通常具有独立思考能力、创造力和分析能力,更容易适应现代社会。

那么,如何进行有效提问呢?以下是五种常用的提问方法:

对比法:询问孩子之前做得好的原因或现在感受不好的原因,帮助他们开启思考的开关,探索解决问题的方法。

换对象法:询问孩子如果遇到类似情况,他们崇拜的人会如何处理,帮助他们看到更多的可能性。

示弱法:向孩子展示自己的困难,询问他们的建议,调动他们的主观能动性,让他们有参与感。

重新定义法:询问孩子做好某件事情的意义或阻碍他们做某件事情的因素,提升孩子解决问题的主动性和积极性,帮助孩子有针对性地解决问题。

重塑环境法:询问孩子在什么情况下可以做得更好或更舒服,引导他们思考不同环境下的行为,在此基础上更好地协助孩子解决问题。

最后,需要强调的是,即使提供了提问的模板,每个孩子和家庭也都是独特的,因此家长需要花时间去实践、总结、探索,最终获得适合自己的版本。同时,提问这个技能的核心原则是尊重孩子的想法、学会等待,并相信孩子有能力做好。如果没有这样的信念,再多的模板也可能不会发挥作用。

## 第四节　建立爱的联结——让孩子收获爱，收获成长

作为家长，一定都深爱着孩子，巴不得把世界上最好的东西都给他们，无怨无悔、不求回报地呵护着孩子们。然而在现实生活中，我们却常常听到孩子们反馈自己感受不到父母的爱。这样的反馈，着实给父母们带来内心的失落与打击。那么，身为家长，孩子这样的反馈是否会引起我们的反思呢？

成为妈妈之后，我常常反思这个问题。后来在与很多学员妈妈交流的过程中，我发现之所以出现前面提到的孩子反馈感受不到父母的爱，其实很重要的一个原因是：孩子所认为的爱和父母所认为的爱不在同一范畴内。对于每个家庭而言，"爱"的定义或许有着不同的诠释，但无论怎样诠释与解读，这份爱必须是有联结的爱，如此，父母付出的爱才能被孩子接收到。

从某种程度上讲，爱其实也是一种教育技能，掌握了这项技

能,孩子才更容易从父母这儿接收到爱。

在这一章前三节,了解了情绪力、规则力及有效提问的相关内容,它们的实现皆是以爱为基础的。在规则力方面,制定的规则要建立在平等尊重的"初心"之上,这份初心会让孩子感受到父母是真心在帮助他们成为更好的自己,而非利用"权威"束缚孩子,让孩子按照父母"认为的好"去执行。在有效提问方面,需要摒弃家长自身固有观点的执念,全身心地共情孩子、倾听孩子、同理孩子,需要放下诸多"执念",真正全然地去爱孩子。

因而,在教育这个范畴里,除了亲子之间血缘带来的那份爱,父母对孩子的爱还需包含尊重孩子是独一无二的个体,相信孩子值得被信任,且这样的爱里并没有太多家长自己的执念与影子。这样的爱是建立在帮助孩子成为更好的自己,让他们获得自我价值感和归属感基础上的,只有这样的爱,孩子才能接收到。

大部分家长都会认可上述对于爱的诠释,不过,这在日常生活中对许多家庭而言,确实是个挑战。挑战在于,这种爱的传递明明是家长期望达成的,可在真实的日常生活中,很多时候家长却很难做到,这是为什么呢?

曾经在一个课堂上,主讲老师提了一个问题,她让大家回顾一下过往几天里,自己的喜怒哀乐有多少源自孩子。当数字在在座家长的脑海中闪过时，大家脸上都露出了沉重的表情。

不知此刻你的答案是什么？如果一天的喜怒哀乐有90%左右来自家里的孩子，那么不妨反向思考一下，这个孩子身上的压力得有多大呀。父母不能以爱的名义把自己的生命扎根在孩子的成长土壤里。

如何理解以爱的名义把自己的生命扎根在孩子成长的土壤里呢？比如在前面章节中，列举了一些案例，从这些案例里，能看到很多家长自身的焦虑：害怕孩子走弯路，害怕孩子今天不学明天成绩就下滑，害怕今天对他们不管教明天他们就堕落等。家长的焦虑、恐慌，会让纯粹的爱变成对孩子满满的控制，同时，这些焦虑操控着家长的行为，让家长模糊了边界，在孩子的领域里不断越界。作为家长，并未正视自身的焦虑，反而将焦虑强压在孩子身上。

家长一有焦虑，就把心思放在"琢磨"孩子上，期望孩子能按照自己想要的步伐前行，以此缓解自身的焦虑。在陪伴孩子成长的过程中，家长没有正视自己的焦虑，反而在孩子身上"发力"，控制他们按照家长所想、家长认为对的方式来。"一切都是为了孩子好"这样的观念，慢慢被家长误当成了一种沉甸甸的爱。这样的爱，孩子是不可能接收到的。

试想一下，当焦虑席卷而来时，如果能察觉到它，同时让自己先慢下来，思考一下究竟为何而焦虑，焦虑从何而来，这样是否就能在一定程度上减少自己的控制欲，与孩子保持更多的边界感，从而看见真实的他们，了解他们真实的需求，发掘他们的自我潜能，并在此基础上给予他们真正需要的东西，持续输入爱，让他们在爱的滋养下健康成长？

良好的亲子关系是解决问题的基础。要想建立良好的亲子关系，其实也不是很难，关键在于放下家长的"架子"，向孩子敞开心扉。我与儿子每日都会进行一些看似无实际用途的沟通，然而这些看似无用的沟通恰恰是一个孩子在成长过程中不可或缺的养分。这类沟通能够赋予孩子安全感，使孩子能够毫无顾忌地分享自身的想法，让孩子切实成为家庭的一员，成为孩子获取平等与尊重的有效途径。

## 第五章

# 运用教育技能科学解决常见育儿问题

在上一章中,分享了四个重要的教育技能。当然,在实际操作过程中,肯定会涉及其他我未提及的教育技能。由于每个技能深入展开,都能单独写成一本书,因此无法在这本书中详尽无遗地分享所有技能。此外,在实际应用中,这些具体的技能总会或多或少地与其他教育技能相互交织,这主要是因为教育本身是一个系统化的工程,不同技能会相互影响、相互成就。所以,家长也可以积极探索和学习其他教育技能。

同时,有些家长读到这里,仍然会对育儿过程中技能的使用存在一些问题或者感到困惑。我想说的是,这是非常正常的。即使是我,在运用这些技能时也会遇到不顺手的时候。在课堂上,我经常听到学员们"抱怨":"学习一种技能就已经很让人头疼了,难道非要学那么多技能才能解决问题吗?"还有类似的担忧:"老师,我学了技能后反而不知道如何跟孩子沟通了,甚至不敢教育孩子了,因为我怕说错、讲错。难道教育就那么复杂吗?"

作为一名家庭教育研究者，同时也是两个孩子的母亲，我能够深切地理解家长的担忧和顾虑。为了家长更好地利用技能，本章将把这些技能融到常见育儿问题的解决中，希望大家能更深入地理解这些教育技能。

## 第一节　六步轻松解决孩子的犯错问题

在诸多育儿问题中,也许最让家长头疼的就是孩子犯错,可以说,从孩子开始慢慢有了自主意识,就总在犯错,比如抢别人的玩具,和别的孩子打架等,而面对种种问题,很多家长第一反应是抓狂的。

这一节,我将通过儿子在学校闯祸的案例,探讨如何通过六步解决孩子的犯错问题。这六步分别是调整情绪、联结、看到正面动机和问题、启发式提问、给予选择权、一同行动。

儿子四年级时,有一天下午班主任给我打电话,电话中传来的是儿子的哭声。班主任说儿子用乒乓球拍打了同学的鼻梁,可能因为下手有点重,同学的眼睛也连带出现了淤血。对方家长担心伤害到眼睛,已经带着孩子去医院做检查了。老师按照常规流程,在电话里告诉了我对方家长的联系方式,然后让我去联系对方家长。

以上便是老师跟我在电话中沟通的内容。我看了老师发来的对方同学受伤的照片,确实从相片里看好像是挺严重的。

1. 调整情绪

我知道他闯祸了。电话挂掉后我并没有马上给对方家长去电话,而是独自小坐了一会儿。我先是迅速思考了下一步需要做什么,同时自己也用心感知了儿子当下的状况。

**关键点**:遇到事情后,我们需要处理自己的情绪,可以通过深呼吸先让自己冷静几分钟。无论当下谁对谁错,我想我们都要努力跳出这个状况本身,用客观的第三方视角去看待问题,其中包括换位思考孩子当下的状态,共情孩子当下的心情。

**小贴士**:这一步关键在于运用好情绪力。当遇到事情时,首先要想办法使自己冷静下来,妥善处理情绪,让大脑回归理性状态。与此同时,进行换位思考,努力共情他人。

2. 联结

冷静下来后,我进行了换位思考并共情了孩子的感受。在那短短的几分钟电话中,我只听到了他的哭声,却没有机会与他交流。我并不知道他为什么打人,但我想当下的他可能感到无助和害怕。无论是什么原因,我需要跟他一起去面对这个问题,引导他正确地看待这件事情。处理这件事情的结果绝不应仅仅是批评孩子的这个行为,而应该通过这个事件让孩子明白每个人都需要为自己的行为承担相应的后果。

**关键点**:孩子犯错其实是一次很好的教育机会。教育的过程不应仅仅是吼骂或说教,而应该通过引导,帮助他们理解和吸收我们希望他们学习到的正确的认知。那么,我们到底应该如何解决孩子的犯错问题呢?切记不要就问题而解决问题。例如,如果孩子打人了,那么只是简单地教育他们不要打人是不够的。家长可以从更高的维度去思考,哪些内容是能够伴随孩子一生并影响他们价值体系的。比如,让孩子知道每个人都需要为自己的行为承担相应的后果。

> **小贴士**:孩子每次犯错都是一次很好的教育机会。切记不要就问题而解决问题,可以拔高维度去思考如何从孩子的价值体系或伴随终生的品格层面进行塑造。

### 3. 看到正面动机和问题

我给同学妈妈打电话并发了短信道歉后,就去学校接孩子了。接到儿子时,我没吭声,他也一声不吭地紧紧跟着我。虽然我俩没交流,但我能明显感觉到他特别紧张、焦虑,还有那种想说又不敢说的劲儿。这种紧张的气氛一直持续到上车,等系好安全带后,儿子开口了。

他问:"你知道今天具体怎么回事吗?"

我问:"怎么回事?你跟我说说。"

儿子说:"他先拉扯我,还打我,我都烦死了,并跟他说别这样,可他还是不停地拉扯我,我就拿乒乓球拍揍他了。"

我深吸一口气,接着问:"那你觉得这件事中你有问题吗?"

他回答:"我不该用暴力解决问题。"

我说:"嗯,我看到你在这件事中受了委屈,不过用暴力解决问题,最终可能会让你成为错误的一方。"

我又问:"你打完他后,看他脸都红了,为什么没有送他去校医那儿?"

他回答:"我不想送他去,谁让他先犯错的。"

**关键点1**:孩子做出这样的事情,背后其实也有他的理由,可能方法不对,但动机值得我们家长去关注和引导,以此帮助他找到更合适的应对方式。

**小贴士1**:虽然孩子的行为有误,但不当行为背后,可能隐藏着正面动机。

**关键点2**:上面这段对话中,我使用了三个问题和一次鼓励。提出恰当的问题能够激发孩子去思考,也能了解他们内心的真实想法。当然,这需要父母愿意用心思考并提出有启发性的问题。

**小贴士2**:与孩子交流时,要灵活运用鼓励、肯定和启发式提问等方法,避免单纯说教、指责和吼骂。只有当孩子愿意主动与父母交流时,父母才可能实现有效沟通。就像丹尼尔·J.西格尔和蒂娜·佩恩·布莱森在"全脑教养法"中所说的,与孩子建立深层次的联结是沟通的关键。另外,知名心理学家约翰·戈特曼也提到,理解和尊重孩子的情感是有效沟通的基础。这些都表明,当孩子感受到被理解和尊重时,他们才更愿意向父母敞开心扉,这样的沟通才是有效的。

4. 启发式提问

此刻的他并没有意识到暴力导致的后果是需要他自己去承担的,只知道暴力本身是不对的。我继续深呼吸,然后又问:"如果今天你是妈妈,我是你的女儿,你女儿今天在学校里把同学打了,你会怎么处理这个事情呢?"

他回答:"我会害怕,然后带着她一起去医院看望被打的同学并道歉。"

我继续问:"如果现在你的女儿被同学打了,你会有什么样的感觉?"

他回答:"我会哭,因为妈妈你肯定很痛。我也希望有人带你去医院。妈妈,我觉得我应该带同学去校医那里,因为是我打的他,用暴力解决问题是不对的。"(孩子此刻开始意识到暴力带来的连锁反应。)

**关键点**:深呼吸可以缓解情绪压力。同时,善用角色扮演和互换身份的技能帮助孩子换位思考,感同身受,带领孩子从不同角度思考问题。

5. 给予选择权

我接着问道:"你觉得今天这件事跟妈妈有啥关系?"

他回答:"没有,是我自己惹的祸。"

我又说:"那到现在,我受这件事影响了吗?"

他回答:"妈妈没时间干自己的工作,只能跑来接我,帮我处理问题。很抱歉,耽误你的时间了。"

我继续问:"那对方同学的爸爸妈妈呢?"

他回答:"他们担心了,还花时间跑去医院,也花了钱。"

然后他对我说:"妈妈,对不起,我给你添麻烦了。"(这时,我偷偷抹了眼泪,也更能体会到他的无助。)

**关键点1**:家长需要让孩子明白,每个人都得为自己的选择和行为承担相应后果,这可不是靠平常唠唠叨叨就能让孩子懂的,孩子亲身经历后,才有可能从心里接受。

**小贴士1**:培养孩子的内在价值体系或者品格,除了平时的言传身教外,也可以借孩子犯错引导他们去体会。

我接着说:"妈妈知道你现在心里特别难过,也很害怕,所以马上跑来跟你一起面对、处理这件事,给你一些建议和支持。但真正处理这件事的人应该是你,你是这件事中的行为人。现在我只当你的司机,具体怎样做你来决定。"

**关键点2**:碰到问题时,家长除了坚守自己的立场和原则,也得让孩子感受到爱。比如告诉孩子自己来的目的不是指责他,而是为了配合他解决问题,让他成为事情的解决者,重点还是引导孩子去思考接下来如何一步步解决问题。

**小贴士2**:在解决问题的过程中,家长要引导孩子成为解决问题的主角,自己只是配角。

6. 一同行动

他想了片刻,随后对我讲:"我们先回家,我要拿零花钱给同学买个悠悠球,这事儿是我惹出来的,我得去面对。然后咱们一起去跟同学和他家人道歉。"

我接着问:"那你打算跟对方说些什么呢?"

他回答:"我跟××说以后不再打他了,求他原谅,再把悠悠球送给他。然后跟他妈妈说:'阿姨,对不起,我今天给您添乱了,您能原谅我吗?'"

**关键点1**:当孩子自己想出解决办法时,我们既要表示支持,也要模拟一下场景,让孩子提前有个心理准备,感受可能出现的未知情况,进而给予他们应对的力量。这就是所谓的一同行动。

**小贴士**:和孩子一起面对问题、一起行动,但不要代替他去做,而是引导孩子提前思考那些可能出现的未知状况,并想出应对之策。

在我和儿子交流的过程中,对方家长告知我们情况不严重,让我们别太担心,可我依旧坚持让儿子去道歉。晚饭后,我们一起去买了礼物和水果,全程都是他自己提着。在去同学家的路上,他突然感慨道:"妈妈,这就是童年,童年事儿可真多。"我仔细一问,才明白他是想说这就是和同学建立友谊的过程(他和同学之间已经没有矛盾了),同时也懂得了自己要为自己的行为负责。

到了同学家,儿子十分诚恳地向同学和同学妈妈道了歉,同学也接受了他的道歉。回来路上,儿子说自己一下子轻松了好多,因为这事总算处理完了。过了一会儿,他告诉我,一开始他心里特别害怕,怕同学眼睛会瞎掉,怕同学家长来学校找他、骂他、批评他,更怕回家后我会狠狠训他。最后他感叹道:"妈妈,我喜欢你处理这件事的方式,你跟我讲道理,这种方式不仅让我不害怕,也让我有勇气把事情处理好。"

**关键点2**:孩子不管因为什么而犯错,犯错后内心大多是惊慌害怕的。这个时候,如果我们能妥善处理,就能将他们内心的恐惧转化为积极面对问题的勇气和力量。

在这个案例中,我运用了自己总结的六个步骤来解决问题。当孩子犯错时,大家也可以依照这六个步骤来处理,相信也会达成像我和儿子这样比较令人满意的结果。

第一步:调整情绪。我一般会通过深呼吸来调节自身的能量状态,同时思索此次沟通的目的究竟是什么。这一步关乎情绪力与明确教育目标。

第二步:建立联结。我会借助共情与孩子建立心灵上的联系,走进他的内心世界。缺乏联结的沟通是难以有成效的。此步着重于共情。

第三步:挖掘正面动机,发现问题。很多负面行为背后都存在着正面动机,我通常会挖掘孩子行为背后的正面动机,并告诉他自己察觉到了他行为背后的正面因素,并给予肯定,在此基础上进一步明确问题。这体现的是爱。

第四步:运用技巧引导。我会保持好奇心,持续向他提出启发式问题,运用复盘、鼓励、角色模拟、互换角色等方法,引导他吐露内心的真实想法。这是各种教育技能一起发挥作用的阶段。

第五步:赋予孩子选择权。让孩子自主决定接下来的行动方案,使其成为解决问题的主导者。

第六步:共同行动。这一步至关重要却常常被忽视,只有这一步才能切实帮助孩子跨越困难,彻底解决问题。

这六个步骤中的每一步都蕴含着教育技能与教育理念,两者相互契合才能产生效果。再次回顾这个案例,我仍能清晰地记起孩子在每个阶段的感受。他从最初的害怕与无助,逐渐地积聚力量,最终愉快地解决了问题。这是一个从焦虑转化为勇气的过程。我觉得支撑这一切的关键在于背后有一个重要的信念,那就是当孩子犯错时,家长内心不应有恐惧、焦虑、害怕或者怕麻烦的心理,而要将孩子的错误转化为他们学习的契机。

当父母具备了这样的教育意识,就能勇敢地应对育儿过程中的种种问题,也会更有耐心地等待孩子的回应,并且愿意放慢节奏,带着好奇去探寻孩子内心的想法。有了这样的教育意识,父母就不会仅仅局限于解决问题本身,因为父母的出发点是通过某件事赋予孩子能够伴随其一生的能力、价值体系或者品质。

实际上,当孩子犯错时,如果只是一味地指责、说教或者下达权威命令,往往会挫伤孩子的积极性;相反,当孩子放下担心和害怕时,他们会表现得更加出色,表现出更强的自主能动性。从这六个步骤可以发现,家长更多的是发挥引导作用,把控大方向,在这个大方向下引导孩子做出自己的选择,并积极行动。

## 第二节　如何在实践中一步步提升孩子的选择力

许多家长都期望孩子具备选择的能力,然而我们也清楚,孩子尚且年幼,他们自身缺乏独立做选择的能力。家长们担心孩子因能力与经验欠缺而做出错误选择,这也是人之常情。因此,在孩子小时候,如何恰当地把握让孩子成为事情"主角"的程度,就显得尤为关键了。

接下来这部分内容,我将结合一个孩子学习语文的案例,与大家共同探讨身为家长应如何提升孩子的选择能力,同时使孩子能够成为事件的主导者。

有一位学员,因其孩子即将面临中考,语文成绩不太理想而深感忧虑,她期望借助外部力量来帮孩子提升成绩。孩子的数学、英语等其他科目都还好,唯独语文成绩始终在80分上下徘徊。对此,这位妈妈格外焦虑,因为倘若语文成绩无法提高,将会拉低整体的成绩水平。

这位妈妈将自己的想法告知了儿子,期望孩子能够高度重视语文学习。当然,孩子也表达了希望取得优异成绩进入理想学校的意愿,并且答应妈妈会开始重视语文学习。虽然孩子已经表态,但妈妈也有自己的想法和计划,她期望孩子能够接受自己一位教师朋友的辅导,最终结果如何呢?

读到此处,家长也可以同步思考一下,如果自己的孩子遇到这种情况,会如何应对呢?这位学员在我的引导下已经掌握了基本的技能,理解了教育的真正目的,所以她前前后后耗费了两个多月的时间,引领孩子积极面对自己的薄弱学科。当孩子面临选择时,家长要做的是为孩子指明方向,在方向正确的前提下,家长应当思考的是怎样让孩子去做决定,创造机会让他们自己去探索、去思考,引导孩子在遭遇挫折后进行调整,从而再次鼓起勇气尝试新的可能。下面让我们一同来看这位妈妈是如何做的。

1. 不焦虑,树立目标,尊重信任孩子

一开始,这位妈妈询问孩子是否需要一些方法来帮助他学习语文,比如找老师系统解决一下自己的问题。孩子明确表示拒绝,因为他不想放弃自己的课余时间。然而,妈妈认为这样学习效率太低。因此,她只能另寻他法,她又想到了在网上为孩子找一本辅导资料,让孩子结合课本内容,参考辅导资料来学习。这次,孩子同意了。

**关键点**:在这次交流中,孩子并没有按照妈妈的意愿去执行。对此,妈妈并没有用权威去命令孩子,而是找了一个折中的方法,整个过程妈妈向孩子展示了自己对这件事情的重视。

2. 遵从孩子提出的行动计划,做好观察和记录,不轻易打断

虽然孩子没有采纳妈妈的第一建议,但这位妈妈在日常生活中并没有表现出焦虑和不满。相反,她开始默默观察孩子学习语文的过程。比如,孩子会参考辅导资料在书本上做笔记来进行预习;每天放学回来,妈妈也会翻阅孩子的语文书,发现上面写有一些零零散散的笔记,这在之前是没有的。

就这样,一个月的时间过去了,迎来了第一次月考,孩子的成绩还是一如既往地维持在80多分。于是,妈妈决定再次找孩子谈话。

**关键点**:处理育儿问题需要足够的耐心。每个孩子都有自己的想法,并且往往认为自己的想法是可行的。因此,他们可能会拒绝我们的建议,即使这些建议在他们看来也不错。在孩子实践的过程中,家长非常重要的工作是默默观察、记录,允许孩子在过程中自己实践和探索,为孩子留出时间去思考、领悟。之后,在恰当的时间与孩子进行复盘,调整下一步行动方案。

3. 引导孩子复盘，一步步改进，直到目标达成

这次谈话中，妈妈询问孩子上个阶段的学习效果如何，孩子有些不情愿地告诉她，其实并没有太多进展与成效。这时，妈妈再度提出最初的建议，问孩子是否愿意接受自己这位教师朋友的帮助，这一次孩子同意了。征得孩子同意后，妈妈找到了这位朋友，并带孩子去尝试，然而尝试结果似乎没能达到孩子的期望。

孩子反馈一般，他觉得妈妈的这位朋友没办法帮他提高成绩，所以不愿跟这位老师学习，更谈不上坚持下去，于是再次拒绝了借助外力提升成绩，打算回归到辅导资料结合课堂认真听讲的自我辅导方式。这次，妈妈意识到孩子不会轻易接纳自己的建议，尽管她认为当下借助外力是解决问题的有效途径，但她还是愿意给孩子自我探索的时间和空间。于是，第二个月孩子依旧沿用原来的学习方法，期间妈妈强忍着焦虑，做好观察记录工作。

不知不觉，第二次月考来临，孩子的成绩依然是 80 多分。这时，他主动找妈妈谈话，觉得自己需要改变学习方法。

**关键点**：很多时候，孩子需要拥有自主决定权，可家长往往因顾虑孩子处事经验与人生阅历不足，不愿赋予他们这项权利。正因如此，孩子无法察觉，当真的拥有决定权时，自己常常不能

妥善运用,也就难以发现自身不足,更不会向父母求助。所以在养育过程中,适度给予孩子自主掌控权,有助于他们全面认识自己。

交流时,妈妈指出,同样的方法试用了两个月都不见效,认为是时候再次提议调整学习方法了。但这次,妈妈并未直接说出自己的想法,而是与孩子展开如下对话。

妈妈问:"你觉得有什么更好的方法能帮到你呢?"

孩子回应:"要不试试你那位教师朋友?"

妈妈继续追问:"为什么呢?你上次不是觉得不理想吗?"

当时,妈妈并未立即支持孩子的决定,反而帮孩子剖析问题。妈妈明确指出,孩子或许是因两次成绩都不理想,自己的学习也没取得显著成效,此刻有些迷茫、不知所措,才会病急乱投医,草率做决定的。所以,妈妈建议孩子再花些时间思考,到底自己的语文学习需要怎样的方式,想明白后再推进下一步计划。

**关键点1**:关于"意愿度"。虽然孩子提出想要寻求老师帮助,这正合妈妈心意,但妈妈并未急切行动,而是客观地为孩子分析现状,给予孩子更多时间考虑是否真心愿意接纳当下决定。妈妈深知,若孩子因慌乱而做此选择,最终很可能难以虚心投入学习,只有当孩子真的有意愿做某事时,才可能事半功倍。

到了星期五,孩子问妈妈周末要不要去那位教师朋友家,向妈妈确认是否已安排妥当。这时,妈妈淡定回应还没安排,并表示一直在等孩子最终确认。孩子急切地说确定要去了。这时,妈妈放下手头事务,正式与孩子交流,想要进一步深入了解孩子接下来准备怎么学习。毕竟孩子上过这位老师的一节课,还觉得一般,那为何还要去呢?妈妈想要孩子认真思考,不要草率做决定。

**关键点2**:目标清晰,此时家长没有替孩子做决定,而是通过提问引导他思考。

孩子思考后回答:"我这次去,不管老师讲得好不好,先把自己的偏见全抛开,空杯去听,好好听老师讲什么,认真思考,不加主观意见。"这是他给妈妈的承诺。就这样,孩子开启了新的学习方式。

第二天孩子回来,说感觉还不错,有收获。这时,妈妈鼓励孩子坚持下去,相信会有好的结果。

很快,第三次考试来临,孩子成绩显著提升。他迫不及待跟妈妈分享好消息,感慨妈妈的这位朋友确实有方法,还给了妈妈一个大大的拥抱,感谢她一直鼓励自己。听完孩子描述,妈妈真切地感受到了孩子的成就感。同时,妈妈心里清楚,得找个时间跟孩子复盘,一起分析成绩提升的根本原因。

复盘时,孩子说老师课堂上除了讲解基本知识,还分享了学习方法,如如何预习、听课、做笔记、进行课后归纳总结等。听到这儿,妈妈提问:"你觉得这次成绩提高,自己在过程中值得肯定的部分是什么?"孩子陷入沉思,几分钟后给出回答,表示老师给了方法,但自己也努力了,还反问妈妈希望得到确认。这正是妈妈的本意,她希望孩子明白成绩提升并非全靠老师,老师只是一部分因素,很多时候要靠自己,千万别在学习中忽视自身作用。这里不是让孩子不尊重老师,而是引导孩子思考学习过程中自己与老师的角色,强调外力只是辅助,探索适合自己的学习方法、自主学习才是关键。

**关键点3**:定时复盘,带孩子复盘能引导其梳理过往,看清自身角色,思考借助第三方力量时老师与自己的角色。若一味强调外部老师的力量,孩子会误以为自身对成功毫无作用,从而过分依赖老师与第三方帮助,阻碍了自我探索与发展。

**关键点4**:引导孩子思考"学习"这件事。常常要求孩子好好学习,可很多孩子并不清楚什么是学习、什么是科学的学习方法,这样的复盘恰好能引导孩子总结梳理自身学习模式及相关问题。

相信这个案例分析对大家来说是有收获的。这位妈妈陪伴孩子一起探索,并最终找到了孩子喜欢的语文学习方式。而这个最终确定的方式,其实是妈妈一开始就有所预见的。同时,这位妈妈并没有直接命令孩子按照自己的想法来,而是通过引导帮助孩子一步步认清自己的能力,看清外界的角色,在此基础上一步步探索。

虽然前期依照孩子的意愿去尝试花费了较长时间,但这个过程是非常重要且不可忽视的。它让孩子感受到父母是自己的军师,在自己需要帮助的时候,父母能够给出指引方向的意见。同时,妈妈也赋予孩子足够的自主权,引导孩子全程参与,让孩子在这个过程中充当主角,自己做决定并承担相应的后果。

另外,这也让孩子明白了人的一生其实都在做选择,而自己才是选择的主人翁。当我们选择了方式A,就必然需要承受随之带来的结果;选择了方式B,就需要承受B带来的后果。正如这次语文学习,孩子选择了自己认可的学习方法,那么他可能会因为这种方法而取得成功,也可能因此无法获得比较优异的成绩。这些选择绝不是我们大人强加给他的。无论结果如何,家长关注的不应该是成绩本身,而是这个过程中孩子对自己的反思内省。通过反思,孩子看清了自己的优劣势,在此基础上根据自身能力做出调整。

最值得家长学习的是,这位妈妈在整个引导过程中,都在用实际行动向孩子传达一个核心理念：学什么并不是那么重要，重要的是能在这个过程中培养自己面对困难时积极勇敢的心态。随着孩子每次遇到困难时家长都能陪他一起跨越，久而久之，孩子便会收获满满的勇气和成就感。这样在之后的人生道路上，当孩子再次面临选择时，那份"我行"的信心将会伴随他们，让他们不再恐惧、害怕或担心，因为他们完全懂得如何自己做选择，而不是依赖他人。

## 第三节 转念对育儿的关键作用

陶行知先生曾说过:"生活即教育,教育即生活。"而真正的教育实际上发生于日常生活的点滴之中。倘若我们过度纠结于具体的实施行为,却不去思考自己的教育理念是否建立在支持孩子成长,认可并尊重孩子,给予孩子充足空间等方面,那么即便家长掌握了所有的教育技能,也不过是依样画葫芦,学得个大概罢了。

确实,教育意识的树立和教育技能的掌握都需要一个过程,也需要一定的时间,但这并不意味着家长必须达到某种特定程度才能切实帮助孩子。实际上,家长只要善用"转念"这一方法,教育效果相较于之前便会有天壤之别。

来看一个案例:这个案例的主人公是一个七岁的小男孩,他的妈妈是跟随我两年多的私教学员。依据我对私教学员的服务体系,这位妈妈已经掌握了各类教育技能,并且有着极为丰富的实践经验,而且我还带着她每日进行复盘。她从最初极为在意和纠结具体的落地技能、用语,到如今已经懂得时刻觉察自己的本心,运用转念来应对育儿过程中遇到的所有挑战。在征得本人许可后,我从她众多的每日复盘中摘取了一个故事,以便家长们能够真切地感受到转念的作用。

今天上画画课的时候,孩子因为在勾线时某个地方超出了边界,心里特别不满意,情绪随即崩溃了。当他崩溃时,我把他带到阳台,抱着他对他进行安抚。他哭了一会儿后还是没有缓过来。

当时,我内心有些不解,暗自想着:"为什么啊?至于这样吗?不就是画出去了一点吗?不就是一次没画好吗?因为这么点小事就崩溃,那以后可怎么办啊?"

想到这里,我有些没耐心了,甚至想要发脾气制止他。

但随后,我的脑海中突然浮现出这样的想法:"孩子今天画不好,难道就代表他以后永远画不好吗?他一定是觉得自己很糟糕,认为自己无法改变现状,所以才如此崩溃。"孩子应该是陷入了固定型思维模式。

之后我又对自我意识进行了反思,我突然意识到自己之所以有些不耐烦,是因为担心孩子今天处理不好这些小事,以后就会成为一个容易被挫败的人。原来我自己也在用固定型思维思考问题!

如果运用成长型思维来看待这件事,那么当孩子今天因为这件小事而崩溃时,作为父母的我们应该接纳他,接纳他的脆弱,包容这个过程。因为我们知道孩子不会永远都画不好,不会永远都因为一些小事而崩溃。

很多时候,我们的焦虑和不耐烦都源于内心的固定型思维,这种思维让我们仅凭当下状态就去定义孩子,而不是陪伴他面对脆弱和困难,接纳他的所有小情绪。

经过这样一番剖析后,我对孩子说:"没事!哭吧!哭完之后又是一条好汉,妈妈在这儿,抱着妈妈,妈妈陪着你,老师也会等你的。"

说完,我便不再言语,只是紧紧地抱着他。慢慢地,我感觉到他的呼吸逐渐平稳下来。他说:"妈妈,我想到了,那条竖线其实可以当作车灯,我看到很多大货车下面都有。"我听后十分开心,抱着他说:"你真棒!思路打开啦!"

我想让孩子明白,真正优秀的人并非事事都做得完美,而是在接纳自己不完美的同时努力追求进步。

很多家长的焦虑其实都源自在心里给孩子下的定义,所以才想要立刻解决问题,仿佛不这样做孩子就没救了似的。

孩子今天画不好这个圆并不代表他永远都画不好,可我自己却在用固定型思维去定义他，觉得他矫情、脆弱。

同样地，你也可以回忆一下，当你家孩子遇到类似情况时，自己是如何处理的？我的这位学员一开始和许多家长的反应一样，面对孩子因对自己画功不满意而哭闹的问题，内心感到烦躁、不耐烦。

但她很快察觉到，自己的这份不耐烦并非源于这个表象，而是源于自己内心的恐惧和担忧。她认为孩子因为一点小事就哭，那么将来这个孩子必定是一个接受不了挫折的人，不是一个勇敢的孩子。也就是说，孩子的哭闹声让她不耐烦，再加上自身的焦虑（担心孩子将来懦弱），以及急切的心情（迫不及待地希望孩子停止哭泣，马上成为有担当的人），这些不同情绪相互叠加，使得她更加烦躁。和这位妈妈类似，其实很多家长的不耐烦表面看是因为孩子的行为或情绪，实则源于自己内心的理念。

当妈妈觉察到自己是在用固定型思维看待问题时，她开始转念。她意识到如果自己以这样的思维思考问题，孩子必然也会按照这样的思路看待自己，而且很明显，孩子此刻正被困在这种思维里，并且这样的困境往后可能会频繁出现。此时，她理解了孩子的悲伤，也就不再用懦弱去定义孩子了。

倘若这位妈妈没有觉察到自己当下的错误认知，没有转念，而是任由自己被焦虑所左右，那么接下来她可能会凭借家长的权威强迫孩子立刻停止哭泣,然后开始说教,告诉孩子如果继续哭泣,若干年后就会成为一个懦弱的人。

你看,这位妈妈转念之后,同样的教育技能,却产生了截然不同的效果。这再次证明了教育技能的运用是以我们秉持的教育理念为基础的。

无论此刻是否拥有正确的教育理念,家长都可以立即做到的是,当面临教育问题时,先停下来,问问自己是否能够通过转念使我们的育儿过程更加有效。上面案例中的妈妈坚持这样的记录已经有两年时间了,她最大的感触就是,面对育儿问题,瞬间的一个转念,会让她改变之前的行为,效果也会大大不同。

尽管转念改变的是理念,但转念之后往往会带来一系列行为的改变。想要拥有转念的能力,需要在日常生活中多次实践,直到将其内化为自身的一种惯性思维。

# 第六章

# 全球化形式下的育儿规划

读到本书第六章，你已经了解了育儿到底是什么，也明白了需要找到根本问题。问题若没找准，病急乱投医肯定是行不通的。同时，你也知道了育儿技能是可以通过学习和训练来掌握的。前面章节还分享了家长必须掌握的四大技能，以及如何运用这些技能应对常见的育儿问题。上面提到的这些内容，都可以帮助你应对日常的育儿挑战。

然而育儿这件事，不能仅仅关注孩子的内在体系和处理当下出现的所谓"育儿问题"，更需要结合外部环境进行长远规划。这种规划应从更高的视角出发，立足中国，放眼全球，探索如何通过提前规划，让孩子具备全球化背景下优质人才的特质，使他们将来能更好地适应未来社会。

家长培养孩子是为了让他们有勇气和能力独自面对未来，但未来是充满变数的，谁能准确预测呢？面对这个瞬息万变的世界，家长应如何养育孩子呢？只有以"不变"应万变。这里的

"不变",指的是本书第一章就强调的"人的内核"。作为家长,需要将养育的目标聚焦在孩子这个"人"身上,培养他们的自我教育能力,让孩子作为独立的个体,去探索自己、认识自己,通过不断自省和实践,逐步成长为一个成熟的人。而父母在这个过程中,主要是为孩子提供肥沃的土壤,用正确的方式激发孩子的内在生长动力。

面对育儿问题,如果没有抓住本质,那么育儿技能可能大打折扣,甚至根本不起作用。同样,如果家长看到了本质,但不懂得灵活运用教育技能,也是徒劳无功的。这也是为什么前面花了大量篇幅来探讨如何击中问题背后的本质和如何运用教育技能。当两者兼备时,家长便能更好地滋养孩子、引领孩子,孩子也会更愿意与父母交流和合作,从而变得更优秀、更有自主权、更有安全感。

要想孩子在这个世界游刃有余,育儿之路确实需要提前规划。因为孩子将来是要融入社会的,家长是在养育一个能够适应社会发展的孩子,所以,除了关注孩子本身,家长更需要了解外界的社会和环境。家长千万不能闭门造车,需要不断提升自己的认知,开阔自己的视野和眼界,让育儿与社会、与世界接轨。

## 第一节　全球化之下的优质人才画像

随着国际交流的日益加深和互联网的广泛普及，各国之间的联系正变得越来越紧密。这不仅促进了文化和信息的流动，也加深了我们对全球共同面临的挑战的认识和理解。从气候变化到经济危机，从资源短缺到环境保护，地球所面临的挑战在全球化大背景下变得更加凸显。同时，这种全球性视角也催生了一个前所未有的国际合作时代。各国开始跨越传统边界，携手应对这些挑战。通过这种合作，不仅解决了眼前的难题，还在逐步构建一个更加团结、互助的国际社会。因此，在这样的背景下，全球合作已成为一个不可逆转的发展趋势，必须接受并拥抱这种全球化的现实。

在中国经济高速发展的背景下，教育领域的创新和改革也在加速推进，尤其是在国际化教育和教育国际化方面取得了显著进步。这不仅体现在国际学校和国际课程的不断涌现，也反映在公立学校教育国际化的趋势上。虽然这两种教育模式存在差异,但它们共同的目标是培养一些具有全球视野和国际竞争力的学生。这些学生不仅需要掌握扎实的知识和技能,还要能够深刻理解全球性问题,并在多元文化的环境中进行有效交流与合作。

那么,具有全球视野和国际竞争力的学生到底应该具备哪些能力呢?目前对此并没有统一的标准,但教育领域更多是以核心素养为参照。为了帮助年轻人应对当今世界技术飞速发展、社会多样化与区域化以及全球化的复杂挑战,世界经济与合作发展组织于1997年启动了21世纪核心素养框架的研制工作。

世界各国都相继开展了核心素养的研究,并宣布了针对本国学生的一些核心素养结构。虽然各国或地区对于未来人才的核心素养框架在具体表述上存在差异,但大体的方向还是比较一致的。从这些框架中,可以发现关注度较高的八项素养和能力分别是:沟通与合作能力、信息素养能力、创造性和问题解决能力、自我认识与自我调控能力、批判性思维能力、学会学习与终身学习能力、公民责任和社会参与能力。

关于优质人才的信息,目前并没有官方的分类标准。以上八项能力主要涉及个人的内在发展,可以称之为软技能。与之相对应的硬技能则是指那些可以通过教育和训练获得的能力

（如计算机应用能力、外语能力、信息获取能力等）。这种分类方式可以让家长更直观地理解全球化背景下的优质人才画像，也能更加清晰地感受到硬技能和软技能之间的相互作用。

就实际体验而言，相较于硬技能，这些软技能更受社会各界的关注。它们涉及个人的内在发展和感悟，往往需要个人反思和生活经验的积累。这也是为什么在书中一直强调教育的目标是培养孩子本身，而不是仅仅关注孩子的分数。希望这些信息能够有助于家长提前规划孩子的学习路径，制定不同能力的培养方案，从而帮助孩子更好地适应未来社会。

## 第二节　国际化强调集体性价值观

了解优质人才画像后,家长还需要了解一个重要信息,那就是在国际化趋势下,塑造孩子的集体性价值观至关重要。联合国教科文组织对国际教育的定义是:为年轻人提供了解世界性问题的知识,培养他们关注并解决世界性问题的决心。接下来分享一个身边留学生的案例,通过这个案例,你将更深刻地理解集体性价值观对孩子的重要性。

这位学生收到了多所名校的录取通知。在其中一场面试中,面试官问她为什么选择这所学校,她这样回答:"在服装制造过程中会产生大量污染,其中很多来源于布料本身。我一直在思考,我们是否可以从布料入手,探索如何降低这种污染。同时,如果采用环保布料,我们又该如何保持其设计感呢?或许,我还需要深入学习生物学等知识,看看能否有更多收获。我对这一切都充满好奇,希望在这所学校找到答案,并希望与学服装设计的同学们共同参与进来,因为这是我们大家共同面临的问题。"

从这位学生的回答中不难看出,虽然她选择的是服装设计专业,但她内在的驱动力却是解决更大的问题。这种驱动力促使她愿意开拓新的领域,跨越不同学科知识。

我认识这位学生已久,她并非为了面试而刻意包装自己,她所说的是自己的真实想法。确实,在大多数人看来,有些"世界性问题"似乎脱离实际生活,离我们太遥远。大学、工作才是我们当下要面对的。然而,为他人考虑,甚至为整个人类考虑的价值观和找工作并不冲突,反而是相互促进的关系。

一些老师和家长经常会教导孩子们要诚实、勇敢、善良,但忽略了集体性价值观的塑造,比如利他的价值观。从宏观角度看,这是国家间的集体性价值观;从微观角度看,这是身边群体的价值观。国际化所提倡的正是这种集体性价值观,并且它的塑造可以从身边的群体开始。

人类是一个整体,国际化、互联网化让相互之间的界限越来越模糊,同时也让地球的问题更加清晰地呈现在大家面前。各国之间开始相互协作,共同解决问题,这在未来将是非常普遍的现象。

当然,集体性价值观的培养并非一朝一夕之功,它是一个潜移默化的过程。因此,在孩子小时候就要引导他们,在考虑问题时不仅仅局限于自己,而是要站在一个群体,甚至全人类的角度去思考。

## 第三节　国际化强调本国认同

除了集体性价值观，国际化趋势下的孩子们更需要本国（祖国）认同。这种认同始于对本国文化的深刻理解，进而扩展到对其他国家文化的认知，最终达到能够用全球化的视角表达自己，而不是单纯地赞美其他国家，却忽视了对本国文化的理解和尊重。因此，本国认同不仅关乎知识的积累，更是一种思维方式和思想的展现。

下面这个案例，或许能让你更有感触：

在国外时，我曾翻阅过一位教研老师为准备申请美国中学的学生定制的课程资料。其中，"our community（我们的社区）"部分详细介绍了美国的社会环境，包括街道布局和各个行政部门的功能，旨在让学生通过了解身边的社区来学习如何成为一个好公民。

看到这些资料，我不禁想到，我们国家的学生同样需要了解自己国家街道办事处的功能,理解社区存在的意义。除此之外,他们还应该思考自己如何才能在社区中扮演好一个成员的角色。这些内容往往容易忽略。在追求远方知识的同时,我们更需要理解和尊重本国的文化、历史、风土人情等,更应该关注自己身边的事情。

因此,家长应该鼓励孩子在学习其他国家知识的同时,类比一下这部分信息在自己生活的环境下是如何运作的。让我们多一份探索,从自己国家、自己身边开始,树立好奇心,积极探索,深入理解。

全球化之下的优质人才一定是建立在对本国文化的理解和认同之上的,这一点家长千万不要忽视。这样的教育方式不仅能够帮助孩子们建立全面的世界观,还能够让他们在未来的国际交流中更加自信、从容地表达自己,进而成为真正的全球化人才。

## 第四节　国际化不仅仅体现在英文学习上

提到国际化人才,部分家长首先想到的就是英语。因为学习语言是国际教育过程中最简单、最可落地的一步。语言作为交流的工具,确实有助于孩子与其他国家的人进行沟通,也是国际教育的基础。然而,不能仅仅停留在学好语言这一层面,千万不能让孩子为了学习英文而学习英文。在学习英文的同时,一定要注重知识的积累。我曾经旁听过一节 PET 的线上阅读课,它让我深刻体会到,比学好语言更重要的是通过语言帮助孩子打开全新的世界,包括知识和思维。我们一起来看下:

那节课的主题是探索海豚与人类某些相似的能力。这个班级有 6 个学生,平均年龄在 11 岁。学生们的口语都不错,整个课堂氛围非常活跃。遇到不懂的单词,学生们都会非常主动地向外教老师提问。学生们流利的英文表达和台风赢得了台下家长和老师们的掌声,这让学生和家长都收获了满满的成就感。

课后,老师收集了课堂反馈。大部分反馈都是正面的,认为课堂效果很好,因为学生们学习了新的单词,答对了题目,与外教的互动也很顺利。然而,有一位家长的反馈却出乎大家的意料。他说:"我们好像什么都没有学到。"我当时感到有些困惑,为什么他会有这样的想法呢?

深入了解后才明白,原来这位家长认为,大家的焦点都放在了学生们娴熟的辩论和演讲技巧上,而这位家长更关注的是孩子们发言内容的广度与深度。"我们好像什么都没有学到"指的是知识层面的内容,比如学生们并没有深入内化、思考课堂上传输的知识,比如其他国家在环保、经济、教育等方面的政策以及处理方法等。

因此,家长一定要告诉孩子,学习语言的本质是通过语言去学习知识,需要将英文与知识相结合,学会思考、内化知识、总结并输出。这是国际化趋势下优质人才特别重要的一个特质。

接下来聊一聊大家都很熟悉也很关注的"精英教育"。

## 第五节 国际化不等于"精英教育"

起初,我并不想写这部分内容。作为家庭教育领域的新人,凭借我有限的知识积累与实践经验,面对这个话题,实在没有太多的发言权。不过,由于公司业务与"国际化"相关,自己每年都会接触大量期望孩子接受"国际化"教育的家长,因此我对这方面内容还算有一些了解。这些家长中的不少家长都将国际化等同于精英教育,这种认知实则存在偏差。

在我看来,国际化并不等同于精英教育。并非依照既定规划,把孩子送进名校,让孩子拥有光鲜履历,从名校毕业,就能使其成为精英。

我十分喜爱《优秀的绵羊》这本书,反复研读了多次,每一次阅读都带着同一个问题,试图从书中找到答案,这个问题就是我们究竟该如何培养孩子?

这本书讲述了耶鲁大学教授威廉在常春藤盟校任教 24 年

后，毅然辞去终身教职，离开这所常春藤名校的故事。他之所以这样做，是因为洞察到美国精英教育体系的局限性，该体系促使学生严格按照预设的成功路径去奋斗，却忽视了个人的内心世界与个性化发展。

书中列举了诸多真实案例，揭示出在美国所谓的精英教育体系下培养出来的学生，大多确实聪慧、有天赋、斗志昂扬，然而，他们同时也充满焦虑、胆小怯懦，对未来感到迷茫，极度缺乏目标感。所有人都循规蹈矩地朝着同一方向前行，擅长解决手头问题，却不明就里。他们考入"藤校"，拿到毕业证书，沉迷于表面热闹却空洞的活动，而后选择圈子里公认的优秀职业，却忘记了内心的追求与方向。由于长期一路狂奔，甚至可能都感受不到失败的痛苦。显然，这类人才并不契合全球化背景下优质人才的特质。

与此同时，你是否发现《优秀的绵羊》所描述的与一些教育现象颇为相似？一些孩子在父母的安排下，一味追求外在成绩，丧失了对自我的探索与认知。当然，这属于教育的深层次问题，我在此只是阐述现状。既然在探讨育儿话题，且本章涉及人才的国际化趋势，我反倒觉得，与其纠结什么是"精英教育"，不如深入思考到底该如何培养孩子。至于孩子将来能否成为所谓的"精英"，并非家长能够一手规划。

在当今全球化的大趋势下,养育孩子务必要从"人"的角度出发,具体涵盖价值观、品质、能力这三个维度。依循这三个维度培育孩子,便可能让孩子成长为既能让自己幸福,又能为他人带来幸福,还能对社会有所贡献的人。需要说明的是,这里提及的"贡献"并非建立丰功伟绩,而是指在不同领域发挥自身优势,为所在团队奉献一份力量。在我眼中,这些默默无闻的劳动者就是"精英",与学历、文凭并无必然联系。那么父母在培养孩子时应该注意哪些方面呢?

1. 帮孩子构建积极的价值观

你期望孩子成为怎样的人?你的教育理念又是什么呢?曾经,我做过一项问卷调查,其中有个问题是请家长写下自己的教育理念,结果发现,部分家长不仅不清楚自身的教育理念,对孩子未来的期望也较为模糊。

实际上,有意识地引导孩子形成积极向上的价值观极其重要。或许有些家长会质疑,为何要培养孩子的价值观?等孩子长大了让他们自行选择价值体系不也行吗?事实并非如此,具体缘由有以下三点:

其一,家长必须承认,除了我们的教育引导,孩子还会从学校、朋友、网络等诸多渠道获取信息,并逐步构建起自己的价值观。这些外来信息究竟如何,对孩子有无积极影响,家长无从确定。倘若这些信息是消极、不健康的,那将会给孩子的成长带来极大冲击,甚至可能是毁灭性的,这绝非家长们所期望的。

其二,如果家长不重视孩子价值观的塑造与培育,孩子就可能觉得这无关紧要,进而每天"随心所欲"地过日子;反之,若父母始终注重科学引导,孩子便能在积极健康的价值观的引领下茁壮成长。

其三,从更长远的视角来看,引导孩子树立正确的价值观,能让他们在未来的日子里过得更健康、快乐。美国著名价值观研究专家琳达·艾尔和理查德·艾尔指出,帮孩子构建积极向上的价值观,是我们所能采取的让孩子获得快乐的最行之有效的举措,因为孩子的快乐建立在清晰、坚实的道德价值基础之上。这些价值观宛如灯塔,即便我们不在孩子身边,也能为他们提供明确的指引。倘若我们从小不注重引导孩子形成健康向上的价值观,就可能引发灾难性的后果,这就好比一艘小船漂泊在汹涌的暗流中,而我们却奢望孩子能独自驶入安全的港湾。

价值观恰似孩子人生的一盏明灯,在他们的人生旅途中,照亮前行的道路,助力他们明辨是非对错,引领他们迈向充实且富有意义的生活。

了解了价值观对孩子成长的重要性,接下来探讨如何构建自家的家庭价值观。之所以单独来讲如何构建家庭价值观,是因为孩子的价值观通常建立在家庭价值观之上,二者相互依存、相得益彰。

2. 为孩子构建积极向上的家庭价值观

这是一个很大的话题,我尽可能地讲得简单明了,让大家真正能够用起来。

首先,我认为价值观的培养强调的是"实践"而非口号。比如,当我们希望孩子成为一个诚实的人时,我们并不是通过说教来让他获得这个品质的,而是通过树立榜样和在日常生活中鼓励诚实的行为来实现的。

例如,当孩子说出真话,即使这可能带来一些不利的后果,我们也应该表扬他们的诚实行为;在个人成长方面,我们应该鼓励孩子自己做决定,比如选择自己的衣服或安排一天的活动,这有助于培养他们的独立性;在与他人相处时,我们可以教孩子从小事做起,比如学会礼貌用语、倾听他人意见、尊重他人的不同文化背景等,通过鼓励孩子与他人友好相处,如与新同学交友、帮助需要帮助的人等,来培养他们的友善品质。

其次,在尝试塑造家庭价值观体系之初,其实可以简化为营造家庭文化。因为家庭文化是父母与孩子共同价值取向的基石。

那么,如何营造家庭文化呢?我和学员们用过的一个比较好的方法就是讲述家庭故事。我们可以通过不断回顾各自印象最深刻的家庭故事，从而总结梳理出公认为比较重要的价值观的关键词。然后再通过反复给孩子讲述这些故事，让孩子对家庭文化、家庭主要价值观有逐渐深入的认识和理解。具体可以按照这四步进行：

第一步，父母写下自己成长过程中比较重要的故事3~5个，然后梳理一下你记得这些故事的原因，尝试写下你认可的价值观。

第二步，用简单有力的金句概括你的价值观。

第三步，给孩子讲述这些故事，让孩子对这个价值观有初步的理解。

第四步，当孩子遇到问题时，尝试用你认为重要的价值观帮助孩子解决问题，而不是仅仅就事论事或就问题而解决问题。

是不是很简单？先和孩子一起构建家庭文化，再慢慢升级到家庭价值观。这种潜移默化的影响定会让孩子成长得更好。

3. 注重培养孩子的品质

琳达·艾尔和理查德·艾尔将12个品质划分为两类：诚实、勇气、平和、自立与潜能、自律与节制、忠贞，这些归为内在品质；忠诚与守信、尊重、爱、无私与感知、友善、正义与仁慈，这些列为给予品质。

内在品质反映个人的内心特质与自我管理能力,源自个体内部,左右个人的思想、感受及行为。给予品质体现一个人对外界,尤其是对他人的态度与行为模式,关乎社交互动以及对社会的贡献。内在品质的培养聚焦个人自我认知与自我管理,给予品质的培养侧重与他人及社会的互动交流。这两类品质相互促进,共同塑造全面发展的个体。孩子在日常生活中持续践行这些品质,终将使其内化于心,融入性格。

个人品质理应渗透于价值体系之中,中国历经五千年沉淀孕育出的优秀传统美德,如勤俭节约、尊敬师长、孝顺父母、勤劳勇敢、助人为乐等,无论时代怎样变迁,都不可遗忘,是我们必须传承给子孙后代的精神瑰宝。即便在当今强调培养国际化人才之际,也要清楚,国际化人才的培养需从了解本国开始,在此基础上认识世界。而了解国家要从"小家"起步,优秀公民首先是从家庭中培育出来的,这是老一辈父母推崇的教育理念。

老一辈父母教育孩子要有礼貌,借此教会他们尊重他人;让孩子分担家务,引导他们懂得担当责任;教导孩子必须为自身行为承担后果,期望孩子学会自行解决问题,从容应对生活的挑战。在老一辈的教育理念里,家长要秉持帮孩子做得越少越好的原则,从而助力孩子自立自强。

然而,新一代家长却忽视了这套行之有效的方法。如今,不少家长变身"直升机式家长",事无巨细地打理着孩子的生活,替孩子解决问题,让孩子毫无后顾之忧地学习,认为为孩子做得越多越好,结果常常越俎代庖,替孩子承担应尽之责,把本应孩子做家务的时间安排满兴趣活动,还将诸多传统美德抛诸脑后,眼中只剩孩子的成绩与所谓特长。

需要强调的是,我们是要给予孩子平等尊重,但并非一味顺从;我们是要赋予孩子更多的学习机会与时间,但并非剥夺他们成长锻炼的机会。这些与孩子品质培养相关的理念,不会因时代飞速发展而改变。

以上就是我对品质培养的理解,至于能力,在本章第一节阐述全球化之下的优质人才画像时已有所涉及,基本可参照它来培养。

当一个孩子拥有了全球化趋势下的核心素养,同时具备相应的能力,并且有着积极向上的个人价值观,相信这样的孩子定会健康成长,而且动力十足。

当然,现实中的确有很多家长希望孩子进入名校,认为这样会给孩子一个好的前程。于是,许多家庭投入巨大的时间、精力和财力,仅仅为了让孩子进入名校并获得所谓的"成功"职业。然而,这种成功的定义往往基于外部的认可、地位和财富,而不是个人的幸福和满足感。这种现象导致了一个重要的问题——

尽管达到了社会定义的成功标准,许多人却发现自己并不快乐或满足,就像《优秀的绵羊》中描述的那些精英人才一样。

所以我认为,相比于单一地关注如何培养孩子以适应外在的期望,更重要的是引导他们探索自我,发现真正的自己,并在这一过程中找到自我价值。因为个人的成功不仅体现在是否符合外部评价或标准上,更在于个人自我价值和内在需求是否得到实现和满足。

## 第六节　博采众长

提到国际化人才，大家很容易把落脚点放在当下所处的教育环境，更容易与"出国""国际学校"做对标。确实，学校教育在此过程中起到了举足轻重的作用，但那些涉及个人内在发展的素养属于"软技能"，它们更多地需要个人反思和生活经验的积累。也正因为如此，我们要清楚，个体的成长和发展不应局限于某个体系，也不应过度依赖某个体系的学习环境。同时，我们不应忽略家庭教育的重要性以及平时点滴的影响。

学校不仅给孩子提供了学习的课程，还提供了社交场所，是孩子跨入大社会之前的一个试验田。但是，除此之外，学校本身也背负了"业绩"等各种"考核"。它们在一定程度上导致了大家将成绩作为衡量孩子表现的主要指标。那么在这样的大环境下，作为父母的我们又能做些什么呢？

一谈到以前，大家很容易会联想到大班教学、师生比例低、课堂缺乏互动性、缺乏创造性和批判性思维等。尽管这样的教学特点在现代教育理念中经常受到批评，但它在某些方面确实带来了一定优势，尤其国内教育环境，比如全面的学术准备和价值观教育、效率高的知识传递、基础知识的牢固掌握、学生纪律和毅力的培养、方便评估和监控等。

总结来说，其实每个教育体系都有其优势和不足，身为家长，一定要明白这一点。同时，在这种大环境下，孩子也很容易受到周围环境的影响，家长也应该让孩子明白这一点，不要盲目跟风乱了自己的节奏。下面来看两个案例：

一位初中生正处于青春期，对自己的认知是比较模糊的，同学群体对他的影响又是实实在在发生的。

有一天，妈妈发现儿子隔三岔五回来都会跟她分享同学们是如何竞争的，比如随身带着口袋单词，方便随时拿出来背诵，比如有些同学在比谁睡得晚，谁刷题刷得多。

这位妈妈看出了孩子因此而焦虑，意识到孩子目前对于学习的认知被同学影响了，以至于看不到学习的本质。

了解到这些信息后，妈妈并没有在当下做出过多反应，而是选择等待时机纠正孩子的错误认知，这个时机在期末复习阶段到了。

孩子在期末考试复习阶段，看到班里的同学都在刷题，于是他也要求妈妈给他买一本习题集。

此刻,如果你是孩子的妈妈,你会如何回应呢?会不会马上去买?其实这位妈妈已经看到了问题的本质,她并没有着急地给孩子买习题集,反而跟孩子做了一次沟通:

妈妈说:"你觉得我们现在去学校是为了什么呢?刷题?考试?还是学习知识?你自己认为哪个才是我们应该重点关注的?"

孩子回应道:"肯定是学习知识。"

这个时候妈妈淡定地说:"不停刷题能帮你弄明白不懂的知识点吗?如果你发现有些知识点你没明白,但又没办法弄清楚,那么迟早它们还是会来找你麻烦的,所以你的焦点还能停留在某本习题集上吗?习题集我们可以买,它有它的作用,但解决不了我们的所有问题。"

孩子思考了一下说:"不明白的知识点才是我最需要关注的。"

这位妈妈希望通过这次沟通让孩子明白不要去做无谓的竞争,反而应该在这些过程中了解自己的薄弱之处和探索自己的学习方法。高效的听课模式和课后知识的梳理比盲目的"题海战术"更科学。在孩子学习的过程中,妈妈这样的引导其实是非常有必要的。妈妈有这样精准的引导思路,必定是因为她拥有一张清晰的养育地图,内心非常清楚要带领孩子去到哪里。

再分享另外一个案例：

一位初中生，英文成绩属于中上水平，有一次考试后孩子拿着他的英文试卷回来了，他告诉妈妈试卷中有道题他认为是对的，却被扣了分。妈妈看过后，也发现了其中有问题，同时也好奇为什么老师会这样批改。

带着这样的疑惑孩子去找了英文老师，老师也认为他填进去的答案本身是没有问题的，但为了确保中考能稳稳拿分，就需要用另外一个答案。这位老师并没有果断地让孩子记住这个答案，反而耐心给了孩子一些建议。他告诉孩子不能为了考试而去学习英文，但是为了在中考中获得更好的成绩，就需要按照中考的标准来答题，需要知道自己如何解答才能在考试中获得更高的准确率。

这位妈妈非常感谢英文老师，因为她并没有直接告诉孩子必须按照考试标准学英文，反而告诉孩子在某些特定情况下自己需要灵活转换"标准"。当然，这样的引导孩子还是听进去了，他回来也跟妈妈分享了老师的建议。在这个过程中，孩子懂得了自己的目标不在于考试，是为了真正学好英文，同时，自己也明白了面对考试需要灵活转变，而这一切都建立在扎实的英文基础之上。

不论刷题还是考试，其实这些都不是孩子的最终目标，更不能让孩子认为这些是他们存在于学校的理由。相反,应该让孩子辩证地看到这些现象背后的真实意义,引导孩子去反思,在此基础上做出正确选择。

"即便现在你的孩子是在公立体系中,也不一定非要走高考的路线。"这是前面提到的两位妈妈的想法,她们都是我的学员,我们经常交流。她们的思维都是十分开放的,并没有早早地确定孩子要走哪条路,反而因为她们了解自己孩子的特点和性格,并且懂得"借力",从而利用公立体系对基础学科知识的重视培养了孩子坚持的毅力。

同时,这两位妈妈鼓励孩子在完成学业的同时坚持自己的兴趣爱好,并不会因为课业的繁重而取消。除此之外,她们也鼓励孩子利用寒暑假空余时间出国游学,希望借着这样的机会让孩子能够感受一下不同国家的课堂氛围、学习方式和人文环境。

我是非常赞同这两位妈妈的育儿理念的。家长千万不要将育儿目标的实现局限起来,从而忽略了家庭教育的重要性。我们要换个思路去思考孩子所在的教育环境和体制的特点,结合其他体系,思考在养育道路上作为家长的我们真真切切能为孩子做些什么。

不同的教育体制和环境其实都是载体,需要清晰自己内在的养育地图。这个地图的目标应该是如何帮助孩子更好地适应未来的社会,而不是进入某所大学。

总之,家庭教育一定要提前规划,同时,要有全局思想。